I0705105

Instituto de Investigación en Psicología y Psicoterapia de México

Psicoterapia de crisis. Metodología para la intervención en psicotrauma

1

Alberto Verdi

Nació en la ciudad de Oaxaca, México, estudió psicología en el Instituto de Estudios Superiores de Oaxaca y se ha especializado a lo largo de los años en hipnosis clínica ericksoniana, psicoterapia sistémica y psicopatología. Es director del Instituto de Investigación en Psicología y Psicoterapia de México.

Ha brindado talleres y conferencias a nivel nacional en temas de psicopatología, liderazgo y arteterapia. En 2022 se licenció en Derecho, especializándose en Derecho Procesal Penal.

PSICOTERAPIA DE CRISIS

Metodología para la Intervención en Psicotrauma

Alberto Verdi

Primera edición en español, 2024

Verdi, Alberto
Psicoterapia de Crisis. Metodología para la intervención en psicotrauma. México: Instituto de Investigación en Psicología y Psicoterapia de México.

A mis hijos

Índice

Psicoterapia de Crisis | **Alberto Verdi**

INTRODUCCIÓN

La psicoterapia de crisis se conceptualizó como una metodología integrativa para la atención del trauma psíquico con sintomatología de crisis. No quiere decir, que la psicoterapia tal como la entendemos en su generalidad sea algo separado o ajeno a lo analizado en el presente texto, más bien, el trabajo que se propone tiene el objetivo de incrementar la eficiencia en la detección de eventos difíciles no resueltos en el consultante y en la atención psicológica especializada en fenomenología de trauma, así como en la resignificación-integración de dichos eventos.

Por lo tanto, podemos enmarcar a la psicoterapia de crisis dentro de la psicoterapia en general, comparándolo con otras metodologías como la logoterapia, la tanatología o incluso, por su valor práctico, con la programación neurolingüística o la arteterapia. Aunque, es necesario aclarar que, por su filosofía integrativa, todas estas (sin excluir otras), pueden enriquecer su implementación para fortalecer la enorme labor terapéutica que implica trabajar con un trauma.

La pregunta que se gesta a continuación es ¿qué tiene que ver esta metodología con la intervención en crisis (IC) o con los primeros auxilios psicológicos (PAP's) y cuáles son las diferencias? En términos simples, las variantes más importantes, son el momento, la profundidad y los sujetos de aplicación, profundizaremos en estos aspectos más adelante.

Cualquier situación compleja del mundo puede resultar en una crisis. Todos tenemos un umbral de dolor físico y de igual forma, un umbral psíquico que deriva de todas las experiencias que hemos recopilado a lo largo de nuestra vida. Pasando dicho umbral está alojado el trauma. El psicoanálisis ha trabajado sobre éste desde el inicio de su aparición, pero su enfoque es retroactivo, los distintos modelos de PAP's fueron desarrollados para su aplicación inmediata, aunque no atacan directamente al trauma a pesar de que lo previenen, sino más bien a sus síntomas, es decir, son modelos de urgencia. La intervención en crisis, por su parte, extiende levemente el intervalo de aplicación, pero la naturaleza del conflicto es continua e intensa a lo largo de un periodo de **excitabilidad revictimizante.** En la Psicoterapia de Crisis, la persona ha aprendido a vivir con su trauma sin internalizarlo, sin utilizarlo como un recurso y así ha continuado con su existencia, ha encapsulado al trauma, pero cuando aparece el más leve roce con el pasado, la sintomatología de crisis aparece, desequilibrando al individuo, volviéndolo vulnerable ante su ecosistema y mermando su **excitabilidad de crecimiento.**

Para desarrollar la presente metodología, se utilizó aquello que conocemos sobre la crisis y sus orígenes, las reminiscencias que deja en la mente, es decir, el trauma psíquico y, por último, los fundamentos de la psicoterapia, aquello que atañe al psicoanálisis, a la gestalt, a los enfoques cognitivos y humanistas, así como a las sistémicas.

De igual forma, la propuesta se nutre de metodologías y procedimientos específicos que trabajan fenómenos de conflicto tales como la logoterapia o la tanatología, y de herramientas como la hipnosis clínica o la arteterapia. Así, con el planteamiento de una Psicoterapia de Crisis le damos orden a la implementación de todos estos recursos para el trabajo con el trauma.

Elementos Integrativos de la PC

Uno de los objetivos del presente texto es que todos sus lectores obtengan un beneficio para su vida o su ejercicio profesional, el psicoterapeuta encontrará un método para integrar todo el conocimiento técnico, el abogado tendrá una herramienta para hacer más eficiente su trabajo con víctimas y el público en general, podrá adquirir una comprensión de su trauma o de los recursos y estrategias necesarios para evitarlo después de un **evento de crisis**. Para cumplir lo anterior, utilizaremos lo que he denominado escalada de intervención, que comienza inmediatamente después del evento con los primeros auxilios psicológicos, después con la intervención semiespecializada en crisis y por último, con la psicoterapia de crisis, sin embargo, antes revisaremos los conceptos básicos indispensables para entender la metodología.

Crisis

La crisis es la respuesta a un evento, que podemos llamar incidente precipitante o evento de crisis, que sobrepasa nuestros mecanismos internos de procesamiento cognitivo. No es un evento en sí mismo, sino la reacción que, como entes biopsicosociales, desarrollamos para comprender lo sucedido. Todas las personas tienen estrategias de afrontamiento a los eventos que se desencadenan en el medio ambiente, pero cuando los eventos sobrepasan nuestras barreras, aparecen las distintas manifestaciones para poder procesarlos.

Ahora, derivado de las características internas del individuo, podremos decir que un evento resulta neutro, positivo ("bueno") o negativo ("malo"). A los neutros no se les otorga ninguna valencia, ejemplo puede ser la caída de una pelota, así sin más. Mientras que los valores positivos y los negativos se pueden gestar de distintas formas, quizá agregándole una variable (la caída de una pelota en la canasta de un juego de basketball), atribuyendo una característica al evento (una pelota de vidrio), agregando una emoción al objeto (una pelota que fue el último regalo de nuestro abuelo) o quizá una consecuencia (la pelota se pierde después de su caída).

Así, los eventos en nuestra mente se cargan de energía de acuerdo a las distintas formas de procesamiento que derivan de las diversas experiencias previas del individuo, de sus variables contextuales y de las consecuencias. Sin embargo, a partir de la propia naturaleza de los eventos, podremos clasificarlos en:

Tipología básica de eventos de crisis	
Eventos humanos	Eventos contextuales
Traiciones (infidelidades de pareja, fraudes, engaños).	Terremotos, tornados y tsunamis.
Eventos victimizantes (abuso sexual, violación, negligencia, maltrato, violencias)	Incendios forestales o de infraestructuras
Enfermedades crónicas y degenerativas, negligencias médicas.	Guerras, ataques terroristas.

Por lo general, los eventos de la tabla anterior, son los que desencadenan los traumas psíquicos más complejos, porque en realidad nadie se prepara para estas situaciones. Sin embargo, hay lugares en los que, con gran frecuencia aparecen estas situaciones que incluso, sus habitantes tienen protocolos bien definidos para actuar ante ellos, y esto es en realidad lo que se espera de una comunidad fortalecida; no es llamar al desastre, sino estar listos para disminuir sus consecuencias si aparece, en eso se basa el empoderamiento.

Entre el 2019 y el 2023, todo el mundo vivió un periodo difícil en el que muchas personas perdieron seres queridos a partir de una enfermedad viral, la violencia doméstica se incrementó, los suicidios se volvieron más comunes y las tensiones personales se potencializaron, aprender sobre la crisis y generar recursos internos para trabajarla nos permitirá continuar con nuestro desarrollo humano y crecer a pesar de lo que el mundo nos pueda deparar.

Palpatzis y colaboradores (2024) encontraron una correlación entre el Alzheimer y otras patologías neuroinflamatorias con los eventos estresantes de la vida, especialmente en la niñez y la mediana edad, por lo que trabajar nuestros traumas, contrarrestando el efecto de sustancias dañinas en nuestros organismos, nos permitirá prolongar nuestra salud, o al menos, reducir el riesgo de enfermedades neurodegenerativas.

Tipología de la crisis

Erik Erikson (1963) desarrolló una teoría a finales del siglo XX en donde plantea que el ser humano se va desarrollando a lo largo de ocho etapas y que, dentro de cada una de ellas, habríamos de alcanzar un objetivo en particular para poder continuar con la siguiente de una forma saludable.

Cada una de estas etapas posee un potencial de crisis y son a estas a las que denominamos **evolutivas, vitales o del desarrollo.** Todos pasamos, por ejemplo, una crisis durante nuestra adolescencia, los cambios físicos y mentales asociados a las nuevas responsabilidades sociales desencadenan sintomatología que puede alojarse en nuestra mente como un trauma. Es indispensable entonces, analizar el modelo Eriksoniano del desarrollo psicosocial, tal como lo haremos más adelante.

Ahora, en contraposición con las evolutivas, las **crisis circunstanciales** son aquellas inesperadas, derivadas de los eventos que no puede modificar ni controlar el ser humano, tales como las catástrofes ambientales, los incendios, las traiciones, las violaciones, etc., aunque las circunstanciales también pueden acelerar a las evolutivas, como en el caso de un diagnóstico de enfermedad terminal que acelera la concepción de muerte de un individuo.

De igual forma, es posible que las crisis circunstanciales y las evolutivas coincidan, por ejemplo, en los casos de violencia sexual hacia adolescentes o la muerte de un hijo durante el nido vacío de los padres, en ellas se conjugan inestabilidades derivadas del crecimiento personal o familiar con aquellos eventos inesperados e indeseados.

Revisemos ahora las distintas metodologías de gestionar una crisis contemplando el periodo de tiempo, profundidad y herramientas utilizadas.

El siguiente gráfico muestra la escalada de intervención establecida en la metodología de la psicoterapia de crisis.

Escalada de atención

Primero Auxilios Psicológicos	Intervención en Crisis	Psicoterapia de Crisis
Estado de Crisis	Sintomatología de crisis (Criterios de TEA)	Trauma psíquico (Variabilidad de manifestaciones: Trastornos neuróticos, psicóticos, de personalidad, etc.)

Primeros auxilios psicológicos

Los primeros auxilios psicológicos o PAP's son un conjunto de estrategias de intervención que se aplican inmediatamente después de que se genera un evento de crisis, ya sea de naturaleza masiva, como los terremotos, tsunamis, ataques terroristas o de afectación particular, como los divorcios, infidelidades, asaltos o choques viales.

Su tiempo de aplicación no debe de exceder de las 72 horas, ya que, de hacerlo, estaremos hablando de una intervención en crisis o de una psicoterapia de crisis. Los objetivos de los PAP's son reducir el nivel de estrés generado por el evento estresor, potencializar las estrategias de afrontamiento y por último, establecer o activar las redes de apoyo del individuo.

Cabe recalcar, que un auxilio psicológico no es un proceso psicoterapéutico, ya que no establece un análisis profundo de las causas del problema, sino únicamente se concentra en la sintomatología y las variables superficiales del acontecimiento, no accede a comprender antecedentes del individuo ni plantea un análisis causal entre conductas y tampoco resolver realmente un trauma, para ello se plantea la psicoterapia de crisis.

Derivado de lo anterior, los PAP's tampoco son una evaluación clínica que amerite el uso de herramientas psicométricas y que busque establecer un diagnóstico, si bien, comprender la **sintomatología de los trastornos por estrés** nos sirve para entender mejor la subjetividad del individuo, realmente no nos interesa para el desarrollo de un reporte clínico en PAP's, aunque si para otorgarle una guía al asesorado de la mejor propuesta de intervención psicoterapéutica, en este punto, los PAP's tienen la función de ser un canalizador y un vínculo entre los distintos enfoques de salud mental.

Sintomatología de los trastornos por estrés	
Trastorno por Estrés Agudo (TEA)	**Trastorno de Estrés Postraumático**
1. Exposición directa o indirecta a un evento traumático 2. Recuerdos angustiantes, incontrolables e intrusivos del evento al que estuvo expuesta. 3. Sueños y pesadillas relacionadas al evento 4. Aparición de flashback. 5. Alteraciones del sentido de realidad 6. Alteraciones del sueño (insomnio, hipersomnia…) 7. Hipervigilancia 8. Dificultad de concentración 9. Irritabilidad o ira 10. Dificultades de expresividad emocional 11. Amnesias en torno al evento estresante 12. Respuesta exagerada ante estímulos neutros (ruidos, movimientos, etc.)	1. Exposición directa o indirecta a un evento traumático 2. Duración de más de un mes de los síntomas 3. Re-experimentación: recuerdos, pesadillas. 4. Hipervigilancia y dificultad de concentración 5. Esfuerzos para evitar lugares, personas o situaciones similares a las del evento. 6. Amnesias en torno al evento 7. Dificultades de planificación y pensamiento futuro. 8. Dificultades del sueño 9. Episodios de cólera e irritabilidad 10. Dificultades de expresividad emocional 11. Disminución de actividades sociales 12. Malestares físicos intensos.

Procedimiento base para los PAP's

El procedimiento para una correcta implementación se divide en tres etapas: Investigación, Aseguramiento y Gestión. En cada una de ellas hay puntos clave que cumplir.

1. Fase de investigación: se refiere a la recopilación de información básica en torno a los hechos y las condiciones del lugar, aquí es indispensable responder a las siguientes preguntas básicas:

¿Qué pasó o qué se conoce de lo sucedido? ¿aproximadamente cuántas personas requieren atención? ¿Dónde están los puestos de apoyo? ¿Quién está otorgando apoyo (instituciones, militares y organizaciones civiles)? ¿Dónde se encuentran las ambulancias o los puestos de atención médica? ¿Dónde están los puestos de agua y alimentos? ¿dónde están durmiendo las personas afectadas? ¿hay posibilidad de conseguir alimentos u oxígeno? ¿dónde están los puestos de teléfono? ¿Dónde hay cajeros automáticos? ¿dónde hay farmacias? ¿Cuál es el procedimiento estándar que se está aplicando?

2. Fase de aseguramiento: inicia cuando llegamos al lugar de los hechos. En esta etapa se aplican las estrategias indispensables de protección, como retirar al individuo del lugar de los hechos, otorgarle agua o alimentos, aplicar la breve entrevista de aseguramiento, realizar la búsqueda de artículos indispensables (medicamentos, teléfono, vendas, etc.) así como otorgarle información básica de lo sucedido.

3. Fase de gestión: aquí es cuando aplicamos cualquier estrategia que busque reducir la tensión del individuo (p.ejem. alguna técnica de respiración), potencializar algún recurso de afrontamiento (¿alguna vez has pasado por algo similar? ¿cómo lo resolviste?) o bien, activar una red de apoyo (identificación de personas de acompañamiento).

Las fases anteriores son básicas, aunque habrá momentos en donde tendremos que prescindir momentáneamente de alguna de ellas, por ejemplo, en el estallido de una bomba en donde no hay tiempo de aplicar la fase de investigación, o un evento de suicidio en donde quizá la persona esté sumida en el llanto incontrolable y nosotros tengamos que aplicar la fase de gestión o en aquellos eventos masivos donde lamentablemente solo podríamos aplicar la fase de aseguramiento.

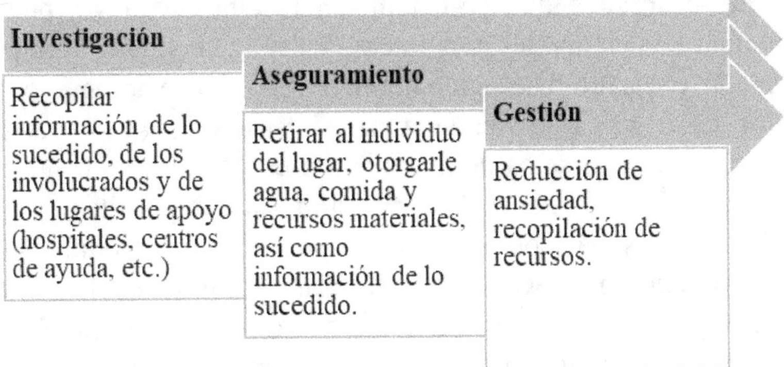

Entrevista de aseguramiento

Se refiere a la aplicación de preguntas básicas que nos arrojaran las necesidades básicas del individuo gestionado:

¿Cómo se llama? ¿Qué edad tiene? ¿Necesita agua o alimentos? ¿necesita algún medicamento urgente? ¿puede usted respirar bien? ¿le duele alguna parte de su cuerpo? ¿tiene alguna herida que requiera inmediata atención? ¿necesita llamarle a algún familiar o conocido? ¿tiene teléfono?

Esta entrevista se tendrá que ir realizando poco a poco, habrá que evitar atiborrar al individuo con preguntas y, generalmente, de acuerdo a nuestra primera impresión visual, podremos entender qué preguntas son más importantes que otras.

Condiciones de la fase de aseguramiento

En primer lugar, es necesario **asegurar siempre al individuo**, lo cual implica separarlo del lugar del evento, en algunas situaciones, como en los terremotos, será complicado, pues el ambiente estará rodeado de estímulos relacionados, en estos casos habremos de buscar un lugar adecuado en el cual aplicar la herramienta y a su vez, mantenerlo a salvo.

Otorgar agua o alimento también resulta de apoyo, pues la adrenalina está en niveles muy intensos y el agua cumple la función de regular el estado fisiológico del individuo. En relación a los alimentos, tendremos que preguntar si los necesita o bien evaluar si es conveniente otorgárselos de inmediato o esperar un momento más adecuado, a fin de evitar malestares estomacales o vómitos.

Algunas personas con padecimientos crónico-degenerativos tendrán **requerimientos especiales** tales como insulina, medicamentos para el corazón o el dolor, entre otros, de igual forma muchas de ellas necesitarán oxígeno, para ello, ya tenemos ubicados los puestos de atención médica o las ambulancias, la estrategia es ayudar al individuo a llegar a dichos servicios.

Por otro lado, el uso del teléfono es fundamental en nuestros días, es posible que, durante la emergencia, la persona haya perdido su teléfono y de ser así, quizá necesitemos apoyarle a llegar a los puestos de emergencia para realizar la llamada o incluso, si es posible, podremos ayudarle nosotros mismos. En cualquier caso, tenemos que dar la sugerencia a la persona para que la llamada sea táctica, que se realice a la persona que efectivamente podrá otorgar auxilio a la persona, ya sea para contactar a alguien clave que tenga un papel de vinculación o a una persona propiamente de auxilio presencial.

De igual forma, **otorgar información básica de lo sucedido** es importante, aclarando que dicha información debe estar limpia de datos morbosos o innecesarios, por ejemplo, a la persona que su familiar se suicidio debemos otorgarle una comunicación tal como "parece ser que su familiar se quitó la vida, estamos a expensas de lo que nos digan los forenses" y evitar "su familiar se suicidó, se le ve toda la cabeza destrozada y hay mucha sangre alrededor", pues resulta impertinente y termina en una falta de ética.

La información también tendrá que versar sobre los puestos de apoyo, los centros de acopio (alimentos y vestido), así como de los albergues, sobre todo en casos de desastres masivos, en el caso de situaciones victimizantes, la información indispensable será sobre asociaciones de apoyo, grupos de terapia, fiscalías generales o especializadas (delitos sexuales, familiares o de menores de edad), servicios de hospitalización o comunidades terapéuticas. Tendremos que realizar una investigación previa para estar listos ante las preguntas del individuo.

En relación a los niños, siempre deben estar acompañados de un adulto, en los desastres masivos, es común encontrarlos solos, por lo que es necesario recalcar la necesidad de acompañarlos hasta que los entreguemos a la institución adecuada para su recepción. Si lo entregamos a una autoridad competente, debemos anotar el nombre del menor o sus señas particulares, solicitar la información del lugar en el que será resguardado, así como de la autoridad que lo transporta y posteriormente, asegurarnos de que efectivamente haya sido colocado en dicho lugar y que está seguro.

Ya sea con adultos o niños, muchas veces los medios de comunicación intentan establecer contacto sin ninguna habilidad empática, realizando preguntas indiscriminadamente, en estos casos, nuestra función es proteger al individuo e invitar a los medios a que guarden sus preguntas para otro momento más oportuno o para alguien más capacitado para responder.

Por último, contemplar el principio de estado adecuado de auxilio es vital, entendiéndolo en un primer aspecto, desde la mirada situacional, es decir, si nosotros mismos estuvimos dentro del evento de crisis, no estamos obligados a auxiliar porque al igual que otros, necesitaremos agua, protección e información. Por otro lado, aunque no hayamos estado dentro del centro del conflicto, si no nos sentimos seguros de ayudar realmente, ya sea por un estado de crisis circunstancial o por otro motivo, será mejor no intervenir a fin de no agravar el asunto.

Etapa de gestión

La tercera fase, a su vez, se divide en tres etapas:

1. Acercamiento inicial: da lugar a comprender la sintomatología de crisis, los fenómenos corporales, los temores, las ideas desorganizadas, la confusión, etc., posteriormente preguntamos si está dispuesto a realizar alguna técnica para regular su estado emocional.

2. Intervención: una vez que el paciente haya aceptado, podemos aplicar la técnica, puede ser de respiración, una imaginación guiada, alguna interocepción o algunas de Mindfulness.

3. Cierre: implica asegurarnos que el individuo se encuentra en un estado regulado, en donde pueda razonar adecuadamente y sus movimientos estén coordinados. Aquí será necesario preguntar cuál es su plan de acción y por último, enganchar alguna estrategia para un seguimiento posterior, como otorgarle algún número de emergencias o invitarle a visitar alguna oficina o consultorio público o privado donde puedan otorgarle una orientación clínica para un posible tratamiento subsecuente.

Los Primeros Auxilios Psicológicos son una herramienta indispensable para el fortalecimiento de una comunidad, su uso disminuirá mútliples conflictos sociales que derivan de eventos traumáticos mal gestionados, por ello, la herramienta puede ser utilizada por todo el mundo y puede nutrirse con distintas técnicas como la respiración, ejercicios de conciencia plena o imaginaciones guiadas. Revisaremos algunas de ellas en el presente texto.

Intervención en crisis (IC)

El inicio de este enfoque se remonta a 1944 cuando el Dr. Erich Lindemann estudió a los familiares de las víctimas del incendio del Coconut Grove de Boston, ocurrido el 28 de noviembre de 1942. Después del trabajo con las personas sobrevivientes, llegó a la conclusión de que entre las personas sobrevivientes se manejan distintas formas de tomar lo sucedido, lo que influía en la intensidad del trauma, así como en el tiempo de recuperación.

El trabajo derivado del Coconut Grove, permitió entender mejor el proceso de duelo y así, Gerald Caplan (1964) desarrolló su conceptualización de la psicopatología, derivada de las estrategias ineficaces para afrontar los problemas de la vida.

Las propuestas teóricas del modelo de Erik Erikson (2000) describen ocho etapas por las cuales el individuo atraviesa conforme se desarrolla, fue así como la Intervención comienza a diferenciar entre **crisis del crecimiento** y **circunstanciales**, estableciendo a su vez, la noción de que la Intervención en Crisis es de *naturaleza preventiva*, lo cual funcionó durante la implementación de los programas norteamericanos de prevención al suicidio.

Slaikeu (2000) al igual que Caplan, plantea un uso preventivo de la Intervención en Crisis, lo cual difiere con la forma de entenderla en la presente metodología, ya que no estaríamos hablando de una crisis propiamente dicha, sino de habilidades de afrontamiento, independientemente si tratamos con crisis circunstanciales o del desarrollo, por lo tanto, el concepto *Intervención*, sería inexacto.

Por lo anterior, en nuestra metodología entendemos a la intervención en crisis de naturaleza subsecuente para establecer un uso más exacto del concepto y diferenciarla de los recursos de afrontamiento.

Ahora, he mencionado esta *escalada de atención* que busca establecer una segmentación en la utilización de las metodologías, así, la diferencia más relevante en relación a los primeros auxilios psicológicos es el intervalo de aplicación entre el evento, los auxilios aterrizan de forma inmediata, mientras que la intervención en crisis se desarrolla subsecuentemente al evento, en un periodo entre 72 horas después del evento de crisis y hasta un mes posterior a él.

Este tiempo propuesto corresponde a los criterios de diagnósticos del Trastorno por Estrés Agudo con el objetivo de establecer un parámetro cuantitativo al uso de la herramienta, así evaluamos los síntomas y dependiendo de la cantidad de ítems presentes, su intensidad y su forma específica de manifestación es como se desarrollará la estrategia de intervención. Cabe recalcar que, si bien nos estamos apoyando de un diagnóstico, para ejecutar la herramienta no hace falta que el consultante cumpla todos los criterios para plantear el trabajo terapéutico con IC, más bien es una forma de guía para desarrollar la estrategia más pertinente al caso del usuario.

Por otra parte, la diferencia entre una intervención en crisis y una psicoterapia de crisis es la profundidad de aplicación, la segunda es profunda e involucra múltiples conocimientos del desarrollo humano y la psicopatología. La intervención puede incluso, ser de carácter operativo, es decir, se aplican técnicas para la reducción de la tensión emocional, por ello, puede ser utilizada por múltiples profesionales, terapeutas ocupacionales, geriatras, médicos paliativistas, educadores e incluso, abogados que trabajan en áreas de la desaparición forzada, violencia familiar o victimología infantil, y que su aplicación puede resultar en un mejor rendimiento de sus clientes, pacientes o asesorados.

De igual forma, en una intervención en crisis, el evento detonante es perfectamente identificable: un terremoto, una violación, una inundación, un incendio, ser testigo de un asesinato, un accidente vial, vivir secuestros, atentados terroristas, abortos espontáneos y toda la gran cantidad de elementos difíciles que el mundo puede albergar y así, el trabajo se centra en la descarga emocional relacionada a ese evento en específico. Es una psicoterapia de crisis, por su parte, es muy común que el evento estresor se encuentre oculto o por lo menos, no está asociada a la sintomatología por la cual llega el consultante, por lo tanto, habrá que comenzar de lo general y cuando identifiquemos un trauma derivado de un evento estresor, tendremos que aplicar la psicoterapia de crisis.

La siguiente tabla nos arroja una claridad al momento de entender cúando aplicar una metodología específica.

Característica	Primeros Auxilios Psicológicos	Intervención en Crisis	Psicoterapia de Crisis
Intervalo de aplicación	Inmediato (hasta 72 horas después del evento de crisis)	Subsecuente (entre las 72 horas y un mes posterior al evento)	Subsecuente/periodos amplios (Posterior a un mes del evento de crisis: coincide con el desarrollo de un TEP)
¿Quién aplica?	Público en general	Profesionales involucrados	Profesionales de la salud mental
Profundidad	Muy superficial	Superficial/ intermedio	Intermedio/ profundo
Fin del proceso	Cuando la persona regula sus procesos y pasa de un estado alterado a uno de conciencia.	Cuando el individuo haya disminuido su sintomatología de crisis. Fin de los síntomas de un TEA.	Cuando la persona haya resignificado el evento y activado sus mecanismos resilientes.

El trabajar con los criterios del Trastornos por Estrés Agudo, permite a los profesionales gestionar la crisis de forma muy sencilla, ya que al identificar un síntoma podrá aplicar una técnica y la tensión disminuirá. La herramienta es operativa, no hace falta profundizar en las interconexiones del problema con la historia clínica del usuario, ni con sus interacciones sistémicas o sus mecanismos de defensa. Así, cuando el abogado identifique dificultades para concentrarse en su cliente mientras trabaja su teoría del caso, podrá implementar una técnica de relajación, o cuando el terapeuta ocupacional identifique respuestas de sobresalto exageradas, con facilidad disminuirá el estrés con técnicas de *Mindfulness*.

El presente trabajo realiza un análisis de algunos modelos de intervención en crisis con el objetivo de nutrir la metodología de la psicoterapia de crisis, ya que en esta escalada de atención es posible que las herramientas se complementen mutuamente, sin embargo, es necesario que antes revisemos el postulado ideológico que sustenta esta propuesta de abordaje psicoterapéutico.

Psicoterapia de Crisis

La psicoterapia de crisis entonces, se aplica a una profundidad que permita no solo detonar recursos internos, sino también estimular la asimilación y reestructuración del evento difícil y por supuesto, el desarrollo de nuevos mecanismos de afrontamiento.

Esto solo será posible si realizamos una correcta evaluación, establecemos redes de apoyo, fortalecemos la mente del consultante y aplicamos las estrategias adecuadas. Las habilidades del terapeuta tendrán que ser muy amplias en sentido práctico, pero también deberá poseer conocimientos teóricos sólidos de distintos enfoques. Limitarse a un enfoque es perderle el respeto a la gran amplitud y a la gran complejidad del ser humano, es querer enfrascar al individuo a una teoría que, en algunos puntos, será incompleta para explicar ciertas particularidades de su estructura psíquica y de sus conductas.

Sin embargo, a pesar de su naturaleza multienfoque, no hay que olvidar que toda clínica es una investigación, el error de la psicología basada en evidencia siempre ha sido el dar la sensación de que sirve para todo el mundo, en realidad, todos los enfoques deben dar cabida a la desviación estadística, por así decirlo. De lo anterior resulta que realizar un estudio de caso de los consultantes a quienes atiendan es benéfico para poder entenderlo mejor y aprovechar ese conocimiento para la comunidad científica.

Para implementar la metodología propuesta, recordemos que el punto de partida es la crisis, a partir de ella tendremos que responder a una pregunta general: ¿Cómo podrá el individuo integrar saludablemente ese evento a su vida?, así entonces, el objetivo de la psicoterapia de crisis es la asimilación del evento y esto involucra en primer lugar, comprenderlo, después reinterpretarlo y al último, aprovecharlo.

Para cada fase hay preguntas que responder y objetivos específicos que alcanzar a partir de la implementación de estrategias adecuadas. Las siguiente descrpciones son una guía de trabajo que más adelante desarrollaremos con mayor profundidad.

Fases de la asimilación del evento de crisis

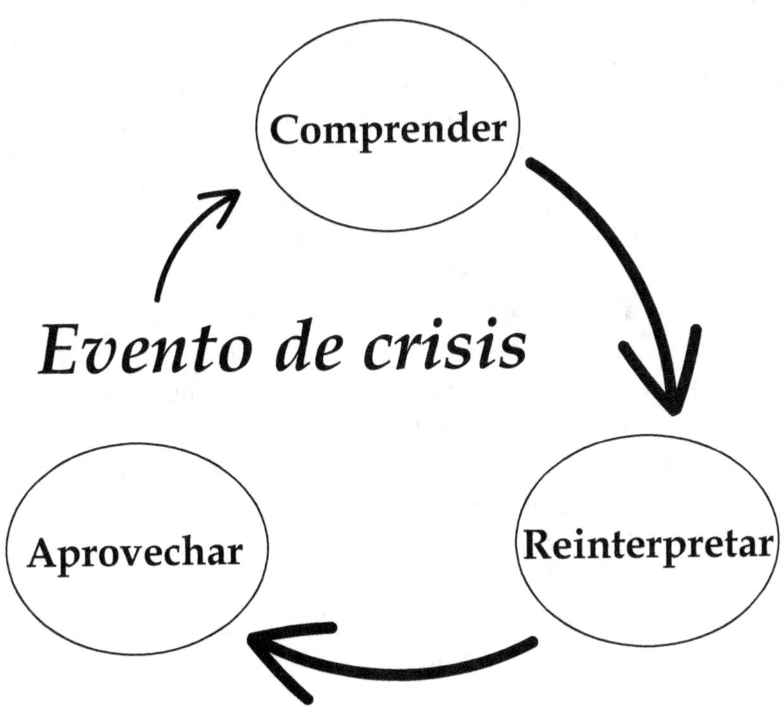

Fases de la asimilación del evento de crisis

1. Comprender: responde a las preguntas ¿Sabe qué sucedió? ¿Sabe porqué sucedió? ¿Sabe qué consecuencias tiene/tendrá? ¿Cómo respondo ante eventos estresantes? ¿Qué recursos tengo para seguir adelante?

Esta etapa se alcanza con éxito cuando el individuo entiende la causalidad del evento, cuando conoce su estructura psíquica y obtiene esperanza para seguir creciendo.

Tareas: explorar todos los recursos del usuario, entender su sintomatología, establecer redes de apoyo y otorgar esperanza.

2. Reinterpretar: responde a preguntas de introspección tales como ¿Qué significó para mi ese evento? ¿Cómo cambiará mi vida? ¿Cómo he afrontado eventos similares? ¿Qué esperanzas hay en mi futuro? ¿Qué planes tengo?

La etapa se alcanza con éxito cuando el consultante comienza a utilizar sus recursos de automotivación, resiliencia y autoestima.

Tareas: detonar los recursos del usuario, regular su autoestima, activar mecanismos resilientes, reestructurar la dinámica sistémica, establecer objetivos a corto, mediano y largo plazo.

3. Aprovechar: su objetivo es introducir el evento a la estructura humana como un recurso más.

La tarea se alcanza con éxito cuando ya no existe malestar al evocar el evento, aunque es posible sentimientos momentáneos de nostalgia, tristeza o melancolía, sin embargo, cuando aparecen, el consultante ya posee recursos notorios para hacerles frente.

Existe una sensación de que se ha aprendido algo, por lo que el evento se integra a la mente, reestructurando todo lo que anteriormente conocía del mundo y de su vida.

Tareas: integrar el evento a la vida del usuario, limpio y útil. Percibir en el usuario progreso y necesidad de continuar con su vida. Motivar al cumplimiento de objetivos.

En la psicoterapia de crisis, se pueden enlazar distintos enfoques de trabajo, por ejemplo, el trabajo con duelo, la búsqueda de sentido de vida, la hipnosis clínica desde el modelo ericksoniano, las pautas específicas de la victimología infantil o la psicocorporalidad.

Cabe recalcar que la comorbilidad debe tener un trabajo específico, pero de forma integrada, por ejemplo, al consumo de sustancias le otorgamos sesiones específicas bajo un proceso únicamente cognitivo-conductual o mediante terapia de grupo, mientras que a la par trabajamos psicoterapia de crisis en sesiones aparte, pero durante dichas sesiones se deben tomar en cuenta las etapas de la asimilación del evento y utilizar lo aprendido por el consultante para reforzar el trabajo en cada una de ellas.

Estudio de caso: India P. G.

Antecedentes: India es una mujer de 38 años, muy alegre y entusiasta. Acude a sesión por el deseo de resolver incomodidades personales derivadas de una autoestima disminuida, resultado de una relación de pareja con violencia psicológica y física, así como el deseo de disminuir su consumo de alcohol. Durante la entrevista, India da a conocer antecedentes médicos que le impiden tener hijos, enfermedades de la matriz y problemas para disfrutar el coito. El psicoterapeuta, con esos signos, realiza la pregunta ¿Cómo es su relación con su madre?, India responde que es ambivalente, posteriormente, se le plantea "quisiera hacerle una pregunta India, pero usted es libre si me la responde ahorita o quizá más adelante ¿ha sufrido algún tipo de violencia sexual?" India rompe en llanto, evocando distintos eventos de abuso sexual con un familiar cercano.

En ese momento, el proceso se vuelve una psicoterapia de crisis, sin embargo, hay una comorbilidad que la consultante desea trabajar, es decir, el consumo de alcohol.

Psicoterapia de crisis: se trabaja sobre la autoestima, ya que es un pilar del crecimiento humano, sin ella, la consultante no tendrá la confianza necesaria para recuperar sus recursos y potencializar su crecimiento. Se utilizan algunas técnicas arteterapia para la descarga emocional y se logra disminuir la tensión en su cuerpo, India percibe esperanza de que "puede existir algo mejor". De igual forma se utilizan distintas inducciones de hipnosis clínica con metáforas combinadas con estrategias de relajación con el objetivo de recuperar los recursos internos. Muchas de esas inducciones están relacionadas a sus éxitos. A lo largo del proceso se aportan materiales de psicoeducación para comprender cómo es una relación de pareja saludable y evitar patrones de violencia.

Comorbilidad: por cada 3 sesiones de psicoterapia de crisis, se realiza un trabajo sobre el consumo de alcohol, con un enfoque completamente cognitivo-conductual. Se establece el objetivo de disminución (no de cese) se realizan tareas de autorregistros, se trabaja sobre la concepción de las recaídas, se analizan estadísticas y se generan estrategias de afrontamiento ante los eventos detonantes del consumo.

Conclusiones: India disminuye en un 70% el consumo de su alcohol, dejando únicamente el consumo durante fiestas familiares, es decir, es un consumo consiente y no impulsivo. Mejora su autoestima, lo cual se refleja en la forma de concebir sus errores del pasado, reinterpretándolos como pasos de éxito en lugar de indicios de baja inteligencia. Comprende que la victimización sexual no fue por su culpa, sino por la incapacidad/enfermedad de un individuo, reinterpreta el evento como un paso más para alcanzar un empoderamiento y darle un nuevo giro a su existencia, comienza a estudiar sobre prevención de violencia para impartir el tema en su lugar de trabajo (escuela), además, mejora su rendimiento laboral, lo que le genera el reconocimiento de sus compañeros. Por último, aprovecha el evento para identificar cuando alguien está vulnerando sus derechos y ejecuta sus recursos detonados para exigir lo que es suyo.

Conforme avancemos en el presente texto, iremos especificando con mayor detalle, las estrategias utilizadas para llegar a ese resultado terapéutico, de igual forma, aprenderemos distintas técnicas que se pueden utilizar para los primeros auxilios psicológicos, así como en la intervención en crisis y por supuesto, profundizaremos en el estudio de la psicoterapia de crisis.

El triángulo de aplicación profesional

Una forma de categorizar los distintos procedimientos es el triángulo de aplicación, el cual sitúa los tres formatos de trabajo sobre la crisis: a los primeros auxilios psicológicos, a la intervención en crisis y a la psicoterapia de crisis, desde sus distintas metodologías especializadas.

En cualquier formato de trabajo, partimos de un evento difícil de procesar para el usuario y comenzamos por recuperar los recursos propios que posee para el proceso, así, las estrategias del consultante se vuelven el punto modular mediante el cual convergen los distintos formatos de intervención, sin embargo, sus diferencias los separan radicalmente de tal suerte que gradualmente van disminuyendo las personas capaces de aplicar cada uno de ellos.

Los primeros auxilios psicológicos pueden ser utilizados por cualquier persona que conozca del asunto, existen programas de capacitación para dotar a estudiantes, paramédicos, abogados, ciudadanos, etc., de habilidades para reducir la tensión derivada de los distintos eventos difíciles, contemplando que la aplicación es inmediata.

Por su parte, la intervención en crisis, es subsecuente, tiene la intención de apoyar en la reducción de sintomatología de crisis derivada del evento, aunque lo hace sin profundizar en la estructura psíquica del usuario, se puede trabajar desde distintos enfoques profesionales: trabajo ocupacional, enfermería, arteterapia, terapia de grupo, retiros espirituales, terapia conductual, etc.

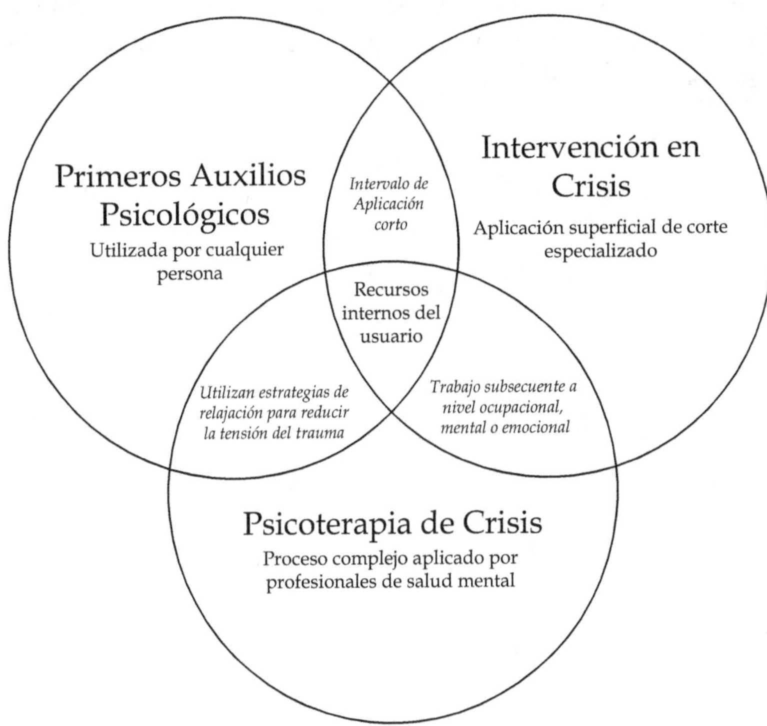

Esquema de aplicación profesional

La psicoterapia de crisis requiere de un conocimiento profundo de la mente humana, los distintos enfoques psicoterapéuticos plantean desde su epistemología la comprensión de los mecanismos de defensa, los esquemas mentales, la psicopatología, el desarrollo psicosexual y todo ese conocimiento que deriva de los estudios teóricos de la personalidad, el aprendizaje o las bases biológicas de la conducta. Por ello, la psicoterapia de crisis se utiliza únicamente por profesionales con ese conocimiento del ser humano, independientemente de su enfoque.

Por último, el concepto de *psicoterapia de la crisis* fue utilizado por José Luis González de Rivera y Revuelta en su artículo de la Revista de la Asociación Española de Neuropsiquiatría en el 2001, pero en ese texto, el autor establece una igualdad entre la intervención en crisis y el procedimiento psicoterapéutico (p. 1312), lo cual no coincide con la propuesta trabajada en el presente texto, tal como hemos descrito en páginas anteriores, sin embargo, sus ideas teóricas han servido de gran apoyo para la conceptualización de la metodología trabajada aquí.

TRAUMA PSÍQUICO

La psicoterapia de crisis trabaja sobre la dualidad evento-trauma, contemplando a este último como las reminiscencias psíquicas que deja una crisis irresoluta derivada de una situación a la cual el individuo no tiene las suficientes estrategias para afrontarla.

La metodología incluye la escalada de intervención, el enfoque integrativo para el diseño de estrategias, el triángulo de aplicación profesional y las estrategias de evaluación. Así, partimos de la idea de que todos nosotros tenemos recursos, tanto internos como externos, mediante los cuales resolvemos conflictos y eventos difíciles (eventos de crisis) que tienen distinto origen (victímales, casuales y naturales) y que si no son gestionados adecuadamente se transformarán en lo que llamamos trauma psicológico.

Estos eventos de crisis, si no son resueltos por el consultante debido a una escasez de recursos, entonces podrán ser gestionados por un agente externo mediante tres enfoques: (1) Primeros Auxilios Psicológicos (PAP's), que se aplican del evento de crisis hasta las 72 horas después, (2) Intervención en Crisis mediante las distintas metodologías que se han creado, el cual se desarrolla del evento de crisis hasta un mes después y que coincide con el tiempo en el cual se diagnostica el Trastorno por Estrés Agudo. Puede ser utilizada por cualquier profesional que le interese el equilibrio emocional del individuo (enfermeros, abogados, médicos, etc.). (3) Psicoterapia de Crisis, la cual trabaja a niveles profundos que requiere un conocimiento especializado del funcionamiento psíquico-sistémico del individuo, se aplica desde el evento de crisis y se prolonga a lo largo de la vida del consultante siempre que la sintomatología esté asociada al evento difícil.

Psicoterapia de Crisis
(Metodología)

A lo largo de este texto abordaremos la teoría y la práctica que nutre la metodología propuesta en la psicoterapia de crisis, iniciando con las distintas conceptualizaciones en torno al trauma, las formas de intervención en crisis, las evaluaciones de distintos enfoques, así como las técnicas utilizadas en el abordaje psicoterapéutico del trauma.

Conceptualizaciones en torno al trauma

Un trauma psicológico es una respuesta adaptativa desorganizada con efectos profundos en la salud mental, derivado de haber sido partícipe de una secuencia de hechos que fuerzan nuestras capacidades cognitivas de comprensión, interpretación e integración.

Edith Aristizábal y sus colaboradores (2012) mencionan que la producción de un psicotrauma involucra dos tiempos, primero: "el encuentro con lo real a partir de un evento ubicado fuera de los parámetros de la experiencia habitual de un sujeto que genera un desbordamiento de sus capacidades de afrontamiento por su aparición brusca y sorpresiva" (p. 126), y segundo, debido a una mala gestión es probable que ese trama quede latente con la posibilidad de que en un momento en específico, bajo variables difíciles de predecir, sea reactivado provocando lo que denominaremos sintomatología de crisis.

> "Un trauma entra a remover la organización del sujeto y lo hace a través del punto más débil en su estructura. En el punto de falla de la estructura psíquica viene a encajarse el trauma, provocando el colapso o la ruptura de dicha estructura… La fuerza del acontecimiento produce el colapso de comprensión y la instalación de un vacío o agujero en la capacidad explicativa de lo ocurrido" (Aristizábal et al., 2012, p. 126)

De igual forma, Barbara Rubin Wainrib y Ellin L. Bloch (2000) establecen que "Los eventos traumáticos fuerzan las capacidades ordinarias de los individuos y las comunidades más allá de un punto que sus recursos pueden tolerar y absorber" (p. 32). Las autoras también nos proponen la siguiente categorización de traumas que está ligado al tipo de evento que lo ocasiona:

1. Trauma natural y anticipado en algunas ocasiones
2. Desastres naturales imprevisibles
3. El trauma accidental inducido por el ser humano
4. La violencia deliberada inducida por el ser humano

Podemos clasificar la sintomatología de crisis a partir de los trastornos asociados al trauma, ya que es necesario recordar que hay consultante que no cumplen completamente los criterios para un diagnóstico completo, pero si llegan a manifestar ciertos síntomas de carácter emocionales, fisiológicos, cognitivos y/o interaccionales.

Sintomatología de crisis			
Emocionales	**Fisiológicos**	**Cognitivos**	**Interaccionales**
– Ansiedad – Miedo – Ira – Culpa – Vergüenza – Desesperanza – Abatimiento emocional – Dificultad para experimentar emociones positivas – Irritabilidad o arrebatos de ira. – Hostilidad – Rencor – Aflicción – Desesperación – Llanto	– Dificultades del sueño (insomnio o hipersomnio) – Fatiga crónica – Dolores de cabeza – Problemas gastrointestinales – Dolores musculares – Sudoración excesiva – Palpitaciones – Respuesta de sobresalto exagerada. – Sensación de ahogo – Hiperventilación	– Flashbacks – Pesadillas – Recuerdos intrusivos – Dificultades de atención – Dificultad para concentrarse – Amnesia selectiva – Autopercepción negativa – Autoevaluaciones negativas – Culpabilización – Bloqueos mentales – Dificulta en la toma de decisiones	– Evitación de lugares, personas o actividades relacionadas con el evento. – Desconexión emocional con personas significativas – Aislamiento social – Dificultad para iniciar y mantener relaciones cercanas. – Falta de interés en actividades que antes disfrutaba – Hipervigilancia – Conductas evitativas

A su vez, todas estas manifestaciones pueden clasificarse en 4 ejes sintomáticos:

1. Reexperimentación: flashbacks, pesadillas, recuerdos intrusivos, reacciones emocionales descontroladas.

2. Evitación: desconexión emocional por personas significativas, amnesia selectiva (se olvidan algunas partes de lo que sucedió), evitación de lugares, personas y actividades que antes disfrutaba.

3. Alteraciones cognitivas y del estado del ánimo: culpa, vergüenza, pérdida de interés, autoevaluaciones negativas, abatimiento emocional.

4. Hiperactivación: insomnio, irritabilidad, hiperactividad, respuesta exagerada ante ciertos estímulos, hipervigilancia, dolores de cabeza, sudoración excesiva.

Victimización y revictimización

La victimización es el proceso mediante el cual una persona se vuelve receptora de algún tipo de daño que atenta contra sus derechos humanos, por ejemplo, el homicidio, atenta contra el derecho humano a la vida, el secuestro a la libertad, el robo de casa habitación al derecho a la propiedad o el abuso sexual a la libertad sexual. Así, el bien jurídico tutelado se refiere al derecho que un delito busca proteger y es así, como se van configurando los distintos delitos que los Códigos Penales de cada entidad establecen.

Cuando hablamos de victimización hay que hacer una diferencia con los eventos naturales y casuales (accidentes) porque en el primer proceso hay un sujeto que se define como agresor, aunque se desconozca su identidad (v. gr. Violaciones callejeras) y que tuvo la intención de ejecutar un acto victimal, mientras que en los naturales no hay un sujeto, sino una variable ambiental no controlable y en los casuales no hay intención de hacer daño, a pesar de que haya sucedido, como en los casos de accidentes viales (delitos culposos).

La connotación de víctima, psíquicamente configura un tipo de parámetro socio-cultural que establece consecuencias en todas las esferas del individuo y por tanto, en muchos casos, será más complejo su abordaje psicoterapéutico que los demás eventos traumáticos o bien, es este texto, eventos de crisis.

Por su parte, la victimización secundaria o también llamada revictimización es un daño adicional que una persona puede experimentar a partir de respuestas de otras personas o de un sistema tras haber sido receptora de un acto victimal primario. Estas respuestas se pueden dar a partir una reacción incorrecta de familiares, amigos o conocidos, por el inadecuado tratamiento por parte de profesionales involucrados (médicos, abogados, psicoterapeutas, etc.), por deficientes procedimientos administrativos de las instituciones de impartición de justicia y a gran escala, por la estigmatización social cargada de rechazo, etiquetamiento o discriminación.

Al respecto, Carolina Gutiérrez de Piñeres, Elisa Coronel y Carlos Andrés Pérez (2009) escriben que:

> "Muchos autores coinciden en definir la victimización secundaria como las consecuencias psicológicas, sociales, jurídicas y económicas negativas que dejan las relaciones de la víctima con el sistema jurídico penal, supone, un choque frustrante entre las legítimas expectativas de la víctima y la realidad institucional, involucrando una pérdida de comprensión acerca del sufrimiento psicológico y físico que ha causado el hecho delictivo, dejándolas desoladas e inseguras y generando una pérdida de fe en la habilidad de la comunidad, los profesionales y las instituciones para dar respuesta a las necesidades de las mismas" (p. 50).

Dentro de esta interacción con el sistema jurídico penal, podemos encontrar factores que influyen en el desarrollo de un ambiente de maltrato:

1. Interrogatorios repetidos
2. Escaso nivel de asesoramiento a la víctima en relación a tiempos y actos procesales
3. Careo o encuentros con el agresor
4. Lentitud procesal
5. Culpabilización de la víctima (comentarios o preguntas inapropiadas, dudar de su relato, minimización del daño)
6. Intervenciones iatrogénicas por parte de los servidores policiales y periciales.
7. Negligencia del asesor jurídico, del ministerio público o incluso del juez.

De igual forma, en los casos en donde la víctima es un niño, hay factores que dificultan todavía más la intervención judicial y por ello, es necesario conocer los mecanismos consientes e inconscientes propios de cada una de las etapas de desarrollo humano para que durante la intervención psicoterapéutica se evite colaborar con la potencialización del trauma. De aquí la importancia de nuestros siguientes temas.

Síndrome de desesperanza aprendida

En 1960 Martin Seligman propone el concepto de desesperanza aprendida, también conocido como de indefensión aprendida para agrupar un conjunto de características psicológicas derivadas de la repetición de situaciones adversas, principalmente victimológicas en las que el individuo siente impotencia y una pérdida significativa de control sobre su vida o sus situaciones futuras, incluso cuando si tuvieran el control.

En relación a las manifestaciones de esta cualidad en casos de Niñas, Niños y Adolescentes (NNA), la Oficina de la Defensoría de los Derechos de la Infancia (2005) refiere:

"Los niños, niñas y adolescentes sometidos a situaciones en las que no les es posible controlar y predecir en algún grado las situaciones en las que se ven involucrados (es decir, se enfrentan a un ambiente con frecuentes amenazas, agresiones, manipulación emocional, injusticias e incoherencias y sobre todo, en el que los adultos no los protegen de tales arbitrariedades), desarrollan la expectativa (basada en esa experiencia real de confusión y falta de control) de que cualquier esfuerzo que realicen por cambiar su situación, conducirá irremediablemente al fracaso.

Lo anterior ocurre porque no logra vencer las inclemencias del medio que lo presiona, a pesar de sus esfuerzos por defenderse y expresar sus emociones. Este es el síndrome de indefensión aprendida.

Frente a las frecuentes experiencias de fracaso, adquiere un aprendizaje negativo, aceptando esta condición como algo que es parte de su naturaleza. Se producen cambios importantes en la personalidad, que lo inhabilitan para defenderse, para escapar. Reacciona emocionalmente con confusión, vergüenza, impotencia, pérdida de seguridad en sí mismo/a y un profundo miedo paralizante" (p. 35)

Así, aparecen dos mecanismos que trabajan para configurar el síndrome, por un lado, una generalización del sentimiento de impotencia y la sensación de experiencias incontrolables. Al activarse esta dualidad aparecen síntomas como la pasividad, en donde el individuo ya no ejecuta ninguna acción para cambiar la situación por muy dolorosa que le resulte, la baja autoestima, depresión, anhedonia, identificada como esa pérdida de interés de las actividades que anteriormente disfrutaba y una falta de automotivación por alcanzar metas de vida.

Cuando trabajamos con mujeres victimas de violencia doméstica, es muy común encontrar frases que denotan claramente su presencia como "ya hemos intentado todo y él no deja de beber", "para que me mortifico si siempre termina por gritarme", "no quiero denunciar porque si se entera me va a golpear", etc., sin embargo, el síndrome de desesperanza aprendida es mucho más frecuente de lo que se identifica clínicamente, pues puede tener distintos niveles de presencia y a veces está encubierta.

El cuento del Elefante encadenado de Jorge Bucay (2015) ejemplifica muy bien las manifestaciones del síndrome, hay un elefante pequeño encadenado que intenta zafarse, pero las cadenas son fuertes y pesadas para él, después de muchos intentos comprende que no podrá librarse de ellas y crece pensando en su

impotencia. Cuando el elefante ya es grande, capaz de librarse fácilmente de su atadura, no lo intenta porque se quedó con la idea de que no podrá hacer nada.

Así, cuando trabajamos en psicoterapia, el consultante cree que no podrá resolver ese problema ocurrido hace tanto tiempo, pero cuando detonamos sus recursos, se da cuenta que ahora tiene más herramientas para resolver su conflicto, por lo tanto, ese es uno de los objetivos de la psicoterapia de crisis, ser el guía, el experto en caminos, para que descubra la ruta oculta entre la maraña sintomática y elevar su vida a niveles más altos de existencia.

Fuentes de la respuesta de crisis

Los factores con los que podemos establecer una relación con la respuesta que el individuo tiene ante un evento de crisis son de origen interno, sistémico y cultural, esto forma lo que llamamos el ecosistema de recursos, los cuales se desenvuelven a través de un sistema transversal, entre el pasado, el presente y el futuro.

Así, un parámetro de análisis de la fuente de la crisis puede conformarse por la personalidad del usuario, sus experiencias previas y su actitud ante el mundo. Dentro de las experiencias previas están alojadas todas aquellas herramientas que surgieron con la resolución de problemas que el individuo ha ejecutado, pero también de aquellas que realmente no resolvió o fue resuelta por alguien más en su nombre.

Fuentes de la respuesta de crisis

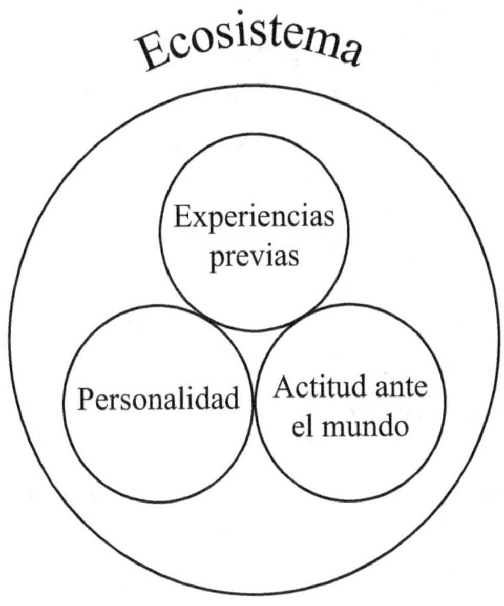

En la personalidad englobamos todo lo relacionado a los pensamientos, a las emociones y sus distintas formas de manifestación en los círculos de vida en los cuales se mueve. Hay ocasiones que un cierto síntoma se dilata en un ambiente en particular y se reduce en otros, por lo tanto, hay que entender también las razones de esta dinámica sistémica.

La actitud ante el mundo encierra parámetros específicos tales como la apertura a la experiencia, el neuroticismo, la automotivación o la perspectiva a futuro, factores que aumentan o disminuyen el grado de satisfacción que la persona tiene con sus logros, el miedo a los errores, el valor que le da a su pasado, sus metas e incluso, sus intereses.

El estrés forma parte de nuestra vida cotidiana, no existe un evento en el mundo que esté exento de tensión, lo que realmente desencadena inestabilidad es el umbral que la persona tiene ante el mundo, a esto se le ha llamado, estrategias de afrontamiento, el cual se define como "el conjunto de esfuerzos cognitivos y conductuales desarrollados para manejar las demandas externas e internas que son evaluadas como excedentes o desbordantes de los propios recursos" (Lazarus & Folkman, 1986, citados por Aguilar Durán, 2023, p. 49).

Según lo planteado por algunos autores (Aguilar Durán, 2023; Guarino et al., 2007), podemos categorizar los estilos de afrontamiento en:

- Afrontamiento racional
- Afrontamiento emocional
- Afrontamiento evitativo
- Afrontamiento por desapego emocional

Afrontamiento racional

Se basa en el uso de la lógica, el análisis objetivo y la evaluación detallada del problema para la toma de decisiones informada. Se sostiene sobre 5 pilares:

1. Análisis objetivo: el individuo evalúa a detalle la problemática, identifica sus componentes, sus hechos vinculados y sus consecuencias para comprenderla.

2. Pensamiento lógico: desarrolla hipótesis para hacer una simulación mental de los posibles resultados de su estrategia.

3. Planificación y organización: establece objetivos específicos, medibles, alcanzables, relevantes y con tiempo definido, lo que se denomina objetivos SMART.

4. Toma de decisiones informada: considera diversas soluciones a su conflicto y selecciona aquellas que ofrezcan un mejor resultado.

5. Autoevaluación: monitorea continuamente su progreso, evaluando su eficiencia en el logro de sus objetivos, la flexibilidad a las modificaciones de su programa dependerá de otros factores de su personalidad, tales como la apertura a la experiencia y la autocrítica constructiva.

Afrontamiento emocional

Desde el punto de vista del Cuestionario de Estilos de Afrontamiento propuesta por Roger (1995) este ítem es desadaptativo, no por su naturaleza emotiva, sino por el tipo de conceptualización que se le otorga, ya que tenemos preguntas tales como "siento que estoy solo o aislado", "Me siento deprimido o abatido" o "Me critico o me culpo a mí mismo", las cuales obviamente son respuestas desadaptativas y como bien mencionan distintos autores, están relacionados con trastornos del estado del ánimo.

Sin embargo, si queremos visualizar esta categoría desde una mirada más amplia y funcional, el afrontamiento emocional desde el punto de vista positivo, en contraposición de las preguntas en negativo utilizadas para el CSQ, hace referencia a las formas de resolver conflictos basándose en el uso del aparato emocional del individuo en su conjunto. Aquí entonces, tienen influencia la empatía, las técnicas que descargan la emotividad desagradable e incluso el humor, es decir, el individuo permite en lo general, la expresión de emociones a través de actividades como hablar con amigos o familiares, escribir en un diario o participar en actividades creativas como el arte y la música.

Es común que quien aplique este tipo de estrategias busque el consuelo social, que intente ver los problemas desde otros enfoques como "Nunca encontrarás un arcoíris si estás mirando hacia abajo", que utilice técnicas de regulación emocional y de desahogo como la meditación, la respiración profunda, el mindfulness, musicoterapia, el llanto liberador o el ejercicio.

Recordemos que cuando se utilice el Cuestionario de Estilos de Afrontamiento (CSQ) se tendrá como desadaptativo este estilo y evaluarlo de esta forma nos arrojará un resultado útil para el desarrollo de nuevas estrategias, las cuales pueden ser justamente las mencionadas en la segunda conceptualización (positiva) del estilo emocional de afrontamiento.

Afrontamiento evitativo

Fue considerado durante mucho tiempo un estilo desadaptativo, ya que acentúa los efectos negativos del estrés (Aguilar Durán, 2023), provocando que se multiplique al no contemplar una solución efectiva al problema, a pesar de que aparezca un alivio temporal, sin embargo, habremos de contemplar que todos tenemos distintas estrategias y que cada una de ellas tienen cabida en la medida del propio problema, hay situaciones que efectivamente, se resuelven sin hacer algo en específico, a veces por "suerte" y otras por la naturaleza del conflicto mientras que otras si hay que efectuar una acción firme.

Algunas formas de ejecutar este estilo son las siguientes:
- Evasión de la situación (personas, lugares o actividades)
- Uso de distractores
- Negación del conflicto
- Minimización
- Conductas adictivas (drogas, alcohol, videojuegos, ejercicio)
- Procrastinación
- Aislamiento social
- Fantasías compensatorias

- Síntomas psicóticos o enfermedades médicas.

A pesar de que las estrategias se perciben como negativas, tenemos que entenderlas como parte de un abanico de oportunidades y si la entendemos desde la dinámica sistémica, nos daremos cuenta como este síntoma es parte de una danza conjunta en donde el comportamiento cumple una función.

Afrontamiento por desapego emocional

Este estilo "implica una tendencia a afrontar las situaciones sin involucrarse emocionalmente con ellas, evaluándolas desde afuera" (Hernández, Salas y Altuve, 2020, p. 163), al respecto Guarino, Sojo y Bethelmy (2007) aclaran que:

"Esta dimensión representa… una forma emocional, pero adaptativa de afrontamiento, a través de la cual los individuos experimentan sentimientos de independencia con respecto al evento y a las emociones asociadas a él, tratando de visualizar el mismo desde una óptica más objetiva y perspectiva neutral. Esta acción facilita la toma de decisiones y puesta en práctica de soluciones concretas frente al estresor cuando éste es de hecho controlable, mientras que promueve procesos de adaptación y aceptación, cuando el evento es objetivamente inmodificable, todo ello a través de la regulación emocional. De hecho, la asociación positiva de esta dimensión con el afrontamiento racional y la escala de manejo emocional del inventario de inteligencia emocional, así como la relación inversa con el malestar personal, apoyan esta concepción del constructo como forma adaptativa de afrontamiento"

Durante el trabajo con el trauma, uno de los objetivos base es el desarrollo de recursos, esto involucra la activación de distintas estrategias de afrontamiento y una persona con un carácter muy lógico seguramente se beneficiará de la aplicación de una técnica de meditación o una de hipnosis clínica en donde vuelva a percibir el cariño y el olor de su madre, sintiendo el cobijo cálido después de una situación en donde sus fronteras casi se pierden.

Por último, me gusta concebir los aprendizajes de los padres como ecos, todas esas enseñanzas, frases, mandatos y órdenes que absorbimos durante la convivencia con nuestros cuidadores adultos y que si bien, otorgan estructura, también pueden limitar o incrementar la experiencia traumática. Por ejemplo, los consultantes llegan a decir frases como "tengo que ser el mejor en lo que hago" y cuando se realiza la evaluación aparecen esos estilos de crianza estrictos, algo que conocemos como perfeccionismo, así, estos ecos retumban cada que se presenta una situación en donde hay que tomar una decisión ¿continúo o lo dejo? ¿vale la pena o estoy destinado a fracasar? Y como podremos darnos cuenta, esa decisión va a impulsar o detener nuestros mecanismos de resolución de conflictos.

Por lo tanto, durante la interacción con el individuo en crisis, es importante evaluar los ecos de sus cuidadores a fin de que podamos contrarrestar o complementar aquellas frases limitadoras o bien, potencializar el efecto de aquellas palabras para que de una forma más saludable impulsen al individuo hacia adelante, a la resolución del conflicto, por ejemplo, al consultante se le podrá decir "Si, creo que es funcional intentar ser el mejor, pero en lo que realmente nos gusta, lo que nos apasiona" y con ello, resaltamos la importancia de filtrar las palabras y recibirlas de la forma que motiven sin dañar.

Mecanismos de defensa

Al igual que las estrategias de afrontamiento, los mecanismos de defensa son estrategias que utilizamos todas las personas para disminuir la tensión psíquica derivada de una situación dolorosa, ansiógena o socialmente no aceptada. Sin entrar a detalle en el bagaje teórico psicoanalítico, los mecanismos de defensa son los siguientes:

- **Represión:** mantener pensamientos, recuerdos y emociones "encapsulados" fuera del límite de la conciencia, el consultante no puede acceder a estos recursos sino a través de la hipnosis, la asociación libre o la interpretación de los sueños.

- **Negación:** rechazar lo sucedido, el individuo, de forma inconsciente, puede incluso modificar el desenlace de lo que ocurrió.

- **Proyección:** atribuir a elementos del exterior características propias del individuo.

- **Desplazamiento:** redirigir emociones o impulsos a elementos sustitutos, por ejemplo, cuando la persona atribuye a otros la conducta alcohólica de la pareja.

- **Racionalización:** justificación de eventos, comportamientos o sentimientos con explicaciones lógicas para darle un adorno aceptable a acciones problemáticas.

- **Formación reactiva:** se adoptan posturas y comportamientos opuestos a los verdaderos, por ejemplo, cuando una persona elogia los logros de alguien cuando en realidad le causa envidia, así el mecanismo disminuye la tensión interna de sentir algo "inaceptable".

- **Regresión:** revertir comportamientos a etapas anteriores de nuestro ciclo vital, como ejemplo tenemos los comportamientos infantiles que se generan en las dinámicas de pareja.

- **Sublimación:** se canaliza la tensión que produce sentir algo socialmente no aceptado por una actividad que sí lo es, por ejemplo, las tendencias asesinas pueden canalizarse a la profesión de cirujano.

- **Intelectualización:** involucra un bajo contacto con la emotividad del individuo, en cambio lo sustituye por un uso excesivo de elementos intelectuales.

- **Aislamiento afectivo:** se refiere a la separación de las emociones asociadas a pensamientos, por ejemplo, el dolor que causa la pérdida de un hijo al recordarlo hace que una persona comience a generar los recuerdos sin la emoción que anteriormente tenía asociada a ese recuerdo.

- **Identificación:** adoptar la postura de alguien más asimilándola como propia, por ejemplo, en el síndrome de Estocolmo.

- **Compensación:** es, por decirlo de alguna forma, una exageración que busca opacar una deficiencia, por ejemplo, un adolescente con escasas habilidades sociales comienza a fumar y adquirir posturas problemáticas con el objetivo de agradar a sus compañeros.

Es muy común que el consultante utilice uno de estos mecanismos de forma inconsciente, el trabajo en psicoterapia de crisis no es debatírselo, incluso ni siquiera hacérselo ver, pero identificarlo es fundamental para la aplicación de alguna estrategia, por ejemplo, en el caso de que el consultante esté utilizando una excesiva racionalización, podemos utilizar una técnica de liberación emocional junto a una que logre encauzar el pensamiento para el logro de objetivos y trabajar la perspectiva a futuro, reduciendo la tendencia depresiva, algo muy frecuente después del uso excesivo de la racionalización.

Caso clínico: Toronto P. | Edad: 45 años

Toronto acude a consulta psicológica derivado de distintos problemas como el insomnio, pesadillas recurrentes y estados de ansiedad, lo cual ha afectado su bienestar personal, su desempeño laboral y la interacción con otras personas.

Antecedentes: Toronto tiene 45 años, hace tres años se divorció en un proceso muy largo y complicado, en donde "diariamente sentía el mundo" sobre él, menciona que no tiene hijos, convive constantemente con un par de amigos y que tiene un trabajo estable en donde es muy respetado, sin embargo, hace 8 meses fue víctima de un robo a mano armada mientras se dirigía hacia su automóvil después de haber retirado una cantidad significativa del banco. Toronto se resistió "un poco", así que los asaltantes lo amenazaron y golpearon en el estómago y la cabeza. No asistió a psicoterapia ni fue intervenido durante la crisis inmediata.

Manifestaciones del síntoma: derivado del evento de crisis Toronto ha tenido la siguiente sintomatología:

- Recuerdos intrusivos a lo largo de su día
- Pesadillas relacionadas al banco, al auto y a los asaltantes
- Evitación de lugares relacionados al evento
- Dificultad para dormir ya que se le presentan imágenes relacionadas al evento

- Temor de llegar a casa durante la noche
- Dificultades para iniciar conversación con sus compañeros de trabajo, tiene la idea de que lo ven como débil y no como una figura de autoridad.

De igual forma, Toronto ha desarrollado un comportamiento en el afán de controlar su miedo y su sensación de vulnerabilidad, en su trabajo se muestra más optimista de lo que solía ser. Refiere que se muestra optimista, pero que ha sentido que los demás lo "observan como fuera de lugar".

Una de sus compañeras "Rita" le ha dicho que lo ve ansioso y tenso y le ha hecho preguntas en relación a su estado emocional derivado del evento estresor, sin embargo, Toronto refiere cambiar inmediatamente el tema diciendo frases como "Ya pasó, quedó atrás, venga vamos a chambear", de forma muy enérgica. Manifiesta también una tendencia a buscar la aprobación de los demás y al querer hacerlos reír.

Diagnóstico: Trastorno por Estrés Postraumático

Mecanismo de defensa predominante: formación reactiva, al querer mostrar sentimientos y conductas opuestos a los verdaderos sentimientos (miedo, inseguridad, vulnerabilidad) por una idea de ser inaceptables en su realidad.

Objetivos terapéuticos:

1. Reducir con estrategias cognitivo-conductuales la frecuencia e intensidad los recuerdos intrusivos

2. Trabajar con parámetros de Aceptación y Compromiso su comportamiento de evitación, así como de sus sentimientos reales.

3. Ayudar al consultante al desarrollo de estrategias de afrontamiento

4. Trabajar en la aceptación y expresividad emocional con arteterapia o terapia de juego

5. Introducir hipnosis clínica para el insomnio.

6. Fortalecer la red de apoyo y evitar el aislamiento

Psicopatología del trauma

Un evento estresor puede tener múltiples repercusiones a distintos niveles, uno de ellos es el psicopatológico, es decir, cuando las manifestaciones crean una disfuncionalidad en la vida del consultante.

Los trastornos asociados comúnmente al trauma psíquico son dos: el Trastorno de Estrés Agudo (TEA) y el Trastorno de Estrés Postraumático, sin embargo estos pueden aparecer comórbidos a otros como los trastornos del estado del ánimo, los trastornos de ansiedad, los de consumo de sustancias y adicciones e incluso los disociativos (Lahitou Herlyn & Parmeggiani, 2023).

Trastorno de Estrés Postraumático (TEPT)

El punto clave del TEPT es la exposición a una situación traumática, el cual puede ser un solo evento aislado o en distintas ocasiones en periodos de meses o años. El Manual Diagnóstico y Estadístico de los Trastornos Mentales (DSM) de la American Psychiatric Association ha establecido criterios similares para identificar y clasificar el trastorno a lo largo de sus ediciones, sin embargo, existen diferencias significativas, por ejemplo, el DSM-IV ubicaba al trastorno dentro de los trastornos de ansiedad, mientras que el DSM-V creó una clasificación independiente con el nombre de "Trastornos relacionados con traumas y factores de estrés".

Tanto el DSM-IV como el IV plantean en su criterio A la exposición a un evento traumático que implique una amenaza real o potencial de muerte, lesiones graves, violencia sexual o una amenaza a la integridad física del individuo o de los demás. Además, la quinta versión incluye cuatro formas de exposición:

1. Experiencia directa del evento traumático
2. Presenciar el evento, aunque no le ocurra directamente al individuo
3. Conocer que un evento traumático le ocurrió a algún familiar o conocido cercano

4. Exposición repetida o extrema a detalles aversivos del evento (por ejemplo, en el caso de socorristas, bomberos, policías, etc.).

En el criterio B, relacionado a la reexperimentación del evento, el DSM-IV requería que la reexperimentación del evento traumático se presentara de manera persistente a través de recuerdos intrusivos y recurrentes, sueños angustiosos, sensaciones de revivir el evento (flashbacks), malestar psicológico intenso al exponerse a estímulos internos/externos relacionados al evento traumático y respuestas fisiológicas ante la exposición a ese mismo tipo de estímulos. El DSM-5 mantiene estos elementos, pero incluye dentro de los **síntomas de intrusión**, las reacciones disociativas en las que el individuo siente en determinados momentos que se encuentra todavía en el evento de crisis.

En relación a los síntomas de evitación y del estado del ánimo, hay una diferencia radical entre ambos manuales, el DSM-IV combinaba estas manifestaciones en el Criterio C "la evitación persistente de estímulos asociados al trauma y el embotamiento de la reactividad general" en un solo criterio, que incluía esfuerzos para evitar pensamientos, sentimientos, actividades y personas que recordaran el trauma, así como una incapacidad para recordar aspectos importantes del evento, reducción del interés en actividades, desapego emocional y sensación de un futuro desolado. En el DSM-5, estos síntomas se dividen en dos criterios separados:

- Criterio C: Evitación persistente de estímulos asociados al suceso traumático, que se centra exclusivamente en la evitación de recuerdos, pensamientos, sentimientos y recordatorios externos del trauma.
- Criterio D: Alteraciones negativas cognitivas y del estado de ánimo asociadas al suceso traumático, que incluye síntomas como la incapacidad para recordar aspectos importantes del trauma, creencias negativas persistentes sobre uno mismo, los demás o del mundo, cogniciones distorsionadas sobre la causa o las consecuencias del evento, estado emocional negativo

persistente, disminución del interés en actividades, desapego emocional y dificultad para experimentar emociones positivas.

El último conjunto de síntomas, el criterio D en el caso del DSM-IV y criterio E en el DSM-V describen el aumento de la activación (arousal) que se encontraba ausente antes del evento traumático en síntomas como dificultad para dormir, irritabilidad, dificultad para concentrarse, hipervigilancia y respuesta exagerada de sobresalto, sin embargo, en la última edición se agregan otros como el comportamiento imprudente o autodestructivo, que son las llamadas conductas de riesgo.

En ambas ediciones se plantea una duración de los síntomas mayor a un mes y su malestar considerado clínicamente significativo o que deteriore los círculos laboral o social, aunque en la quinta edición se introducen los llamados especificadores: 1) con síntomas disociativos y 2) con expresión retardada, lo que significa que los síntomas aparecieron seis meses después del evento de crisis.

Para concluir, se ha hecho un análisis de ambos documentos para darle la idea al lector que los cambios se basan principalmente en el acomodo de síntomas y no en las manifestaciones como tal, en la psicoterapia resulta muy útil tener una mirada general del diagnóstico, pero lo realmente importante es entender cómo el usuario hace suyos esos criterios, no solo entender que tiene pesadillas, sino qué es lo que aparece en ellas para así, poder aterrizar a una intervención cortada a la medida.

Cabe recalcar que algunos modelos de psicoterapia descartan el diagnóstico de manual y optan por realizarlo a través de su epistemología, tal es el caso de la Terapia Familiar Sistémica, sin embargo, es importante conocer los criterios para tener una base de análisis del caso y ser más certeros en la intervención.

Trastorno por estrés agudo (TEA)

La diferencia sustancial entre el TEA y el postraumático es la duración de los síntomas y el periodo de aparición, la materia sintomática es prácticamente la misma. El trastorno por estrés agudo inicia inmediatamente después del evento traumático y su tiempo máximo es de un mes, con una intervención adecuada evitamos que se convierta en un estrés postraumático.

Es en este trastorno que se aplica la intervención en crisis y de aquí la importancia de que cualquier profesional interesado sepa cómo aplicarlo o por lo menos, entender la importancia de la derivación clínica. Si no se interviene, el problema se complica, agudizándose en un TEPT en donde ya se requiere otro tipo de intervención más profunda. Sin embargo, el hecho de que en el presente texto clasifiquemos de esta forma la escalada de intervención, no quiere decir que la psicoterapia de crisis únicamente se aplique a este trastorno, en realidad, se puede desarrollar incluso si solo tiene un síntoma que no valga el diagnóstico completo, o si presenta otras manifestaciones que no tenga nada que ver con criterios de los trastornos del trauma del DSM, como en el caso del consumo de sustancias psicoactivas o la depresión.

Trastorno de apego reactivo

Considero este trastorno como una respuesta normal ante la inadaptabilidad de los distintos sistemas a la vida del niño, en realidad él o ella no tiene ningún problema más que la incompetencia institucional y sistémica, ya que ¿Quién podría tener el interés de establecer un vínculo con alguien que se aparece y se desaparece o que sabes que en poco tiempo se va a ir? Seguramente nadie.

Cuando hablamos de un trastorno de apego reactivo, tenemos un niño con una capacidad limitada de su expresión afectiva y de su vinculación social, irritable, triste, miedoso, con una tendencia disminuida por la búsqueda de consuelo respecto a sus cuidadores, pero también, y me parece que esto debió configurar el primer criterio, con antecedentes de negligencia o carencia social por parte de sus cuidadores, de cambios repetidos de cuidadores primarios (por ejemplo, cambios continuos de padres adoptivos) o de contextos educativos que no permiten el desarrollo de un vínculo fuerte y selectivo (casas hogar con un número amplio de niños a su cuidado).

La limitante de los manuales diagnósticos es su incapacidad de comprender conflictos profundos, los orígenes del problema. Cuando el DSM-V refiere "irritabilidad, tristeza o miedo inexplicado que son evidentes incluso durante las interacciones no amenazadoras con los cuidadores adultos" () únicamente nos está diciendo que sus escritores no pueden comprender ni explicar, que el niño, desamparado y adolorido prefiere mantenerse en un estado de alerta y a la defensiva, porque en cualquier momento al adulto se le puede ocurrir abandonarlo y dejarlo a su suerte, no poder explicar eso en un texto mundialmente reconocido y derivado de años de investigación es resultado de la deficiencia en la mirada clínica cuantitativa.

Así que la tarea del terapeuta de crisis, en primer lugar, es conocer los criterios, entenderlos desde la mirada objetiva, pero después habrá de encuadrarlos en la subjetividad del usuario, sus manifestaciones particulares y su desenvolvimiento en sus distintos contextos y con esta información, diseñar la mejor estrategia base, nutrida con técnicas de otros enfoques, cuando el caso específico lo amerite, o bien, podrá seguir la misma línea de enfoque, siempre que no sea limitante para la búsqueda de un recurso oculto entre las tinieblas, y si es así, bueno… siempre podrá ocupar una pequeña linterna, si es que su propia personalidad no se lo impide.

Duelo

La tanatología es la disciplina que estudia lo relacionado al duelo y a la muerte, busca explicar las pautas mediante las cuales los seres humanos vamos otorgando sentido a las pérdidas, y al ser un elemento constante de nuestra existencia, el psicoterapeuta tendrá que poseer conocimientos en los mecanismos conscientes e inconscientes que permiten la integración de la ausencia en la estructura psíquica del usuario.

En el presente texto, vamos a contemplar la metodología más famosa de intervención en duelo, propuesta por la psiquiatra Elisabeth Kübler-Ross que desarrolla cinco etapas por las cuales las personas suelen pasar al enfrentar una pérdida significativa: negación, ira, negociación, depresión y aceptación.

Cuando se experimenta una pérdida, es común que la primera reacción sea la **"negación"**. Esta etapa surge de manera inmediata y está frecuentemente asociada con un estado de shock o embotamiento emocional. Frases que dan muestra de esto son "Esto no me puede estar pasando a mí" "No puedo creer lo que ha ocurrido" "No puede ser verdad, tiene que haber una confusión. Lo vi ayer y estaba bien", lo cual puede deberse a que el shock impide una comprensión clara de la situación.

Aunque en algunos casos esta fase del duelo implica una negación literal de la pérdida, no siempre es así. A veces, la negación se presenta de manera más sutil, como minimizando la importancia de la pérdida o no aceptando su carácter definitivo, es decir, negando que la pérdida sea realmente significativa para la persona.

Durante la etapa de la **ira**, las personas tienden a buscar culpables por la pérdida, ya sea responsabilizando a factores externos o incluso a sí mismas, con pensamientos como: "Si lo hubiera detenido o advertido" "Si yo hubiera estado allí, si yo hubiera hecho esto o lo otro". En esta fase, se trata de identificar la causa de la pérdida, lo que lleva a sentimientos intensos de frustración y enojo también pueden aparecer frases como "¿Por qué a mí? ¡No es justo!" o "¿Cómo pudo pasarme esto?".

En la etapa de **negociación**, la persona mantiene la esperanza de que todo pueda seguir igual y que las cosas no cambien. Pueden aparecer frases como "Si me curo, empezaré a llevar una vida más saludable y seré mejor persona" que busca disminuir la tensión al encontrar una solución a su enfermedad.

Durante la **depresión,** la persona comienza a aceptar la realidad de la pérdida de manera definitiva, lo que provoca sentimientos intensos de tristeza y desesperanza. Es probable que presente otros síntomas como aislamiento social y desmotivación por actividades de su vida que antes disfrutaba.

La etapa final del duelo es la **aceptación,** en la cual la persona alcanza un estado de calma al comprender que la muerte o la pérdida son aspectos inevitables de la experiencia humana. Este proceso de aceptación no significa que la tristeza desaparezca, sino que se asimila la realidad de la pérdida como parte de la vida.

En la aceptación, la persona comienza a reconocer que la pérdida es irreversible y que la vida debe continuar, aunque de una manera diferente. Si la pérdida es por la muerte de un ser querido, se comprende que, aunque esa persona ya no esté físicamente, su ausencia formará parte de una nueva realidad que debe integrarse en la vida cotidiana. Aceptar esta nueva normalidad implica aprender a vivir con la pérdida y utilizar ese dolor para crecer y profundizar en el entendimiento de los propios sentimientos. Es un proceso de adaptación que permite seguir adelante, llevando consigo la memoria y el legado del ser perdido. (Fundación Silencio).

La metodología propuesta en el siguiente texto contempla el trabajo sobre el duelo, toda vez que está íntimamente relacionado con la fenomenología del trauma. Igual es importante mencionar que las etapas propuestas por Elisabeth Kübler-Ross no tienen que aprecer consecutivamente en el consultante, el orden dependerá de sus mecanismos psíquicos y sus estrategias para afrontar la pérdida.

Caso clínico: Barcelona A.
Edad: 32 años
Sexo: Femenino
Estado Civil: Soltera
Ocupación: Diseñadora gráfica

Motivo de Consulta: dificultades en sus relaciones interpersonales.
Valoración clínica:
A lo largo de la entrevista, Barcelona expresa dificultades respecto a la aceptación de la muerte de su padre, acontecida hace 15 meses, a pesar de que no es el objetivo inicial de consulta, se ahonda para verificar si el duelo no trabajado es lo que está desencadenando la dificultad interaccional con sus compañeros de trabajo y sus familiares.

En la entrevista, Barcelona refiere haber tenido una excelente relación con su padre, "incluso mejor que con mi mamá", lo cual es de relevancia, ya que es una intervención distinta a que si la persona hubiese tenido una mala relación, pues en estos casos, los objetivos más comunes son trabajar con la culpa, expresar el sentir derivado de un estilo de crianza muy rígido, perdonar por algún tipo de victimización (abuso sexual, físico o negligencia), entre otros.

Negación del Duelo:

Barcelona sabe que su padre está muerto, sin embargo, cuando habla de él, lo hace como si su familiar estuviera en otro lugar físicamente, como si se encontrara de viaje, así llega a expresar frases como "cuando lo vea le diré que estamos bien", "a ver cuándo se le ocurre dejar de descansar", "siempre anda de gracioso".

Respecto a dichas comunicaciones se exploró la ideación suicida de la paciente para verificar si esas expresiones eran indicativo de algún plan de atentar contra su vida, para ver a su padre, lo cual se descartó debido a todos los planes que refiere a corto, mediano y largo plazo, así como su reciente vinculación a una pareja sentimental.

De igual forma, Barcelona refiere que su familia sigue manteniendo su habitación tal y como estaba cuando vivía, sin cambios significativos en la casa. A pesar de los constantes recordatorios y la evidencia de su ausencia, Barcelona evita conversaciones sobre su padre y evita situaciones que podrían recordarle su muerte.

Desinterés en Actividades Cotidianas:

La consultante ha disminuido considerablemente su participación en las actividades que antes disfrutaba, como la pintura, la visita a galerías de arte y las reuniones sociales de tipo cultural.

En su trabajo, ha tenido roces con sus compañeros porque "me ven como si estuviera lisiada o enferma", lo cual desencadena incomodidades que llegan a dificultar su convivencia con ellos. Ha mostrado irritabilidad y desinterés por las preocupaciones de amigos y familiares que intentan hablar sobre el duelo.

Evaluación Psicológica:

En la evaluación inicial, se observa que Barcelona A. está en la fase de negación del duelo, según el modelo de Elisabeth Kübler-Ross. Esta fase se caracteriza por la dificultad para aceptar la realidad de la pérdida y el rechazo de la información relacionada con el fallecimiento.

La negación está afectando sus interacciones y su habilidad para recibir apoyo emocional. Barcelona ha tenido problemas de concentración en el trabajo, resultando en una disminución en su desempeño profesional, aunque ella minimiza estos problemas, atribuyéndolos a otros factores.

Plan de Intervención:

Terapia de Duelo: desarrollar estrategias mediante la cuales Barcelona pueda establecer contacto con la pérdida a fin de apoyarle en el paso a la aceptación. Algunas estrategias gestálticas son adecuadas para ese objetivo.

Apoyo Psicoeducativo:

- Proporcionar información sobre las fases del duelo y normalizar su experiencia como parte del proceso de luto.
- Fomentar la participación en grupos de apoyo para el duelo donde pueda compartir su experiencia con otros que han pasado por situaciones similares.

Victimología infantil y sus repercusiones psicopatológicas

La victimología es la disciplina que busca responder a preguntas tales como ¿qué características tiene un individuo para volverse foco de atención de los criminales? ¿qué condiciones son necesarias para que una persona sea víctima de un delito? ¿Qué factores sociales están inmersos en los índices de víctimas en una sociedad?, en el caso específico de lo infantil, se refiere a todos los procesos mediante el cual un niño se vuelve receptor de los distintos tipos de violencia, tales como maltrato físico, emocional o psicológico, abuso sexual, negligencia, explotación comercial o incluso, si lo vemos desde una perspectiva mundial, terrorismo o actos de guerra, en donde los niños son uno de los grupos más vulnerables.

Los eventos traumáticos no solamente atentan contra los derechos humanos de Niñas, Niños y Adolescente (NNA) sino que también dejan repercusiones en la vida adulta que afecta la vida en sociedad. El trauma produce distintas modificaciones a nivel cerebro-estructural que desencadenan alteraciones cognitivas (Waikamp & Barcellos Serralta, 2018) y que en una interacción interpersonal produce problemas de índole social como la violencia familiar, la drogadicción, la delincuencia, el pandillerismo, etc., y así se cumple efectivamente ese viejo refrán de que la violencia genera más violencia.

Es por ello que en este capítulo hemos analizado las características específicas que hacen que los distintos eventos de crisis mal gestionados deriven no solo en trastornos mentales, sino en repercusiones negativas o disfuncionales a nivel sociedad. Vitória Waikamp y Fernanda Barcellos Serralta (2018) encontraron en una investigación en Brasil que únicamente el 5% de la población adulta reportó nunca haber tenido una experiencia traumática durante su infancia y que el "abuso emocional y la negligencia emocional fueron reportados por 88% de los pacientes, mientras que el abuso físico, la negligencia física y el abuso sexual, [fueron reportados] respectivamente por el 77.8%, 65% y 46%", cifra que me aventuraría a decir que no varía mucho en distintos países americanos, incluyendo México.

De igual forma, las autoras mencionan una correlación entre los traumas infantiles y distintos síntomas psicopatológicos en los adultos evaluados, por ejemplo, hay una gran interacción entre el abuso sexual y psicoticismo e ideación paranoide, abuso físico con ideación paranoide y sensibilidad interpersonal, el abuso emocional con la ideación paranoide, sensibilidad interpersonal, depresión y psicoticismo y por último, la negligencia física con fobias y somatizaciones.

Por esta razón, Waikamp y Barcellos en sus conclusiones sugieren que "los psicoterapeutas y otros profesionales de la salud mental examinen la investigación de la vida pasada de sus pacientes y presten atención a la identificación de eventos traumáticos pasados que puedan estar relacionados con el sufrimiento psicológico actual" (p. 143).

Además de estas sugerencias, se recalca la importancia de desarrollar una buena estrategia en cualquiera de los niveles de la escalada de intervención, para que así, el niño pueda vivir una vida plena, que su Yo adulto esté libre de sintomatología patológica y que la sociedad sea más saludable, por ello analizaremos ahora las variables específicas del consultante niño para contemplarlas en el diseño de estrategias terapéuticas y ejecutar una atención eficiente y oportuna.

Intervención en niños, niñas y adolescentes

El trabajo con niñas, niños y adolescentes (NNA) habrá de establecerse dentro de un marco global de protección a los derechos de la infancia, en este punto analizaremos el principio del Interés Superior del Niño, el cual está inmerso en un documento internacional llamado Convención sobre los Derechos del Niño, que nos establece ciertas directrices para procurar un desarrollo sano y a su vez, tener una sociedad más saludable.

El Fondo de las Naciones Unidas para la Infancia (UNICEF) (2006) nos refiere al respecto:

> "La Convención, a lo largo de sus 54 artículos, reconoce que los niños (seres humanos menores de 18 años) son individuos con derecho de pleno desarrollo físico, mental y social, y con derecho a expresar libremente sus opiniones. Además, la Convención es también un modelo para la salud, la supervivencia y el progreso de toda la sociedad humana.
>
> La Convención, como primera ley internacional sobre los derechos de los niños y niñas, es de carácter obligatorio para los Estados firmantes" (p. 6).

Estos 54 artículos pueden agruparse en cuatro principios rectores:

1.   No discriminación
2.   Adhesión al Interés Superior del Niño
3.   Derecho a la vida, la supervivencia y al desarrollo
4.   Derecho de participación

En el marco de la convención, el Interés Superior de Niñas, Niños y Adolescentes se refiere al criterio mediante el cual se toman decisiones que: 1) no perjudiquen los derechos de la infancia en beneficio de otro tipo de derechos (por ejemplo, el de los padres) y 2) se garantice que las instituciones públicas y privadas, así como los ciudadanos de un país protejan a los niños ante posibles infracciones a sus derechos.

Por ello, nuestra práctica clínica está inmersa no solo en metodologías terapéuticas, sino también, dentro de un cuerpo legislativo que satisface las demandas globales en materia de Derechos Humanos. En México, después de la reforma del 2011 en dicha materia, nuestro artículo 4° constitucional refiere:

> "En todas las decisiones y actuaciones del Estado se velará y cumplirá con el principio del interés superior de la niñez, garantizando de manera plena sus derechos. Los niños y las niñas tienen derecho a la satisfacción de sus necesidades de alimentación, salud, educación y sano esparcimiento para su desarrollo integral. Este principio deberá guiar el diseño, ejecución, seguimiento y evaluación de las políticas públicas dirigidas a la niñez.
>
> Los ascendientes, tutores y custodios tienen la obligación de preservar y exigir el cumplimiento de estos derechos y principios.
>
> El Estado otorgará facilidades a los particulares para que coadyuven al cumplimiento de los derechos de la niñez".

Así, por ejemplo, cuando el terapeuta identifique alguna violación al derecho de un niño por un ambiente libre de violencia, aunque el objetivo terapéutico sea el bajo rendimiento escolar, es indispensable atender primero el cumplimiento al deber del padre o la madre por proporcionar a su pequeño un lugar seguro, en el que pueda desarrollarse, crecer, explorar, jugar sin el temor de ser azotado por la agresión de los padres.

Contemplando lo anterior, la mecánica del proceso sería completamente distinta, pues en lugar de concentrar las estrategias al objetivo escolar, se tendrá que trabajar con los padres la liberación de tensión emocional, psicoeducación en materia de derechos de la infancia, en crianza positiva y de ser necesario y posible, un proceso independiente para resolver los propios traumas de estas figuras paternas.

En marzo de 2024, la Ley General de los Derechos de Niñas, Niños y Adolescentes agregó en su artículo 4, fracción VII Bis el termino de crianza positiva, explicándolo como el:

"Conjunto de prácticas de cuidado, protección, formación y guía que ayudan al desarrollo, bienestar y crecimiento saludable y armonioso de las niñas, niños y adolescentes, tomando en cuenta su edad, facultades, características, cualidades, intereses, motivaciones, límites y aspiraciones, sin recurrir a castigos corporales ni tratos humillantes y crueles, salvaguardando el interés superior de la niñez con un enfoque de derechos humanos".

Por lo tanto, en nuestra práctica clínica habremos de aterrizar a la psicoeducación de todo aquello que engloba este concepto, pues dentro de las obligaciones de los tutores que enumera la fracción V del artículo 103 está "Asegurar un entorno afectivo, comprensivo y sin violencia para el pleno, armonioso y libre desarrollo de su personalidad, a través de la crianza positiva" (Cámara de Diputados del Heroico Congreso de la Unión, 2014, pág. 43), lo cual es parte también del derecho a vivir en condiciones de bienestar y a un sano desarrollo integral que todo niño y adolescente tiene.

El desarrollo humano

Toda psicoterapia se enlaza directa o indirectamente al crecimiento del ser humano, en esta sección revisaremos los elementos básicos a contemplar durante el desarrollo de una estrategia terapéutica enlazada a la etapa del individuo, a fin de incrementar la eficiencia de las técnicas y para ello, conceptualizaremos como círculos de vida sus áreas de crecimiento.

Círculos del desarrollo humano

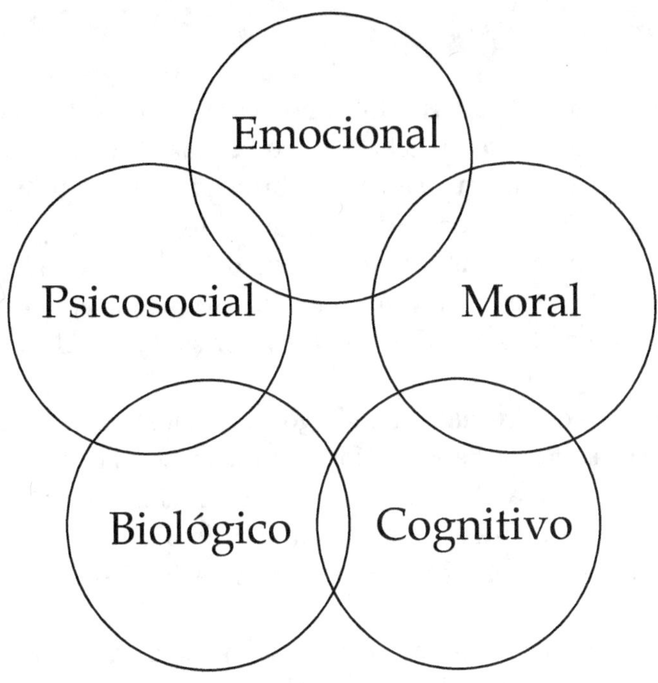

Los cinco círculos básicos del desarrollo humano son: biológico, cognitivo, emocional, moral y psicosocial. De cada uno de ellos se derivan otras características que pueden estar enlazadas mutuamente o ser un elemento específico de un círculo, por ejemplo, el apego puede estar enlazado al círculo afectivo, pero también al cognitivo y al psicosocial, ya que un buen apego con los primeros cuidadores puede otorgar la confianza para la interacción social y a su vez en cumplimiento de logros académicos o también tenemos las características psicosexuales que involucra a todas las esferas del desarrollo.

Cuando estemos diseñando una estrategia, resulta útil adecuar las técnicas al momento del desarrollo en la cual se encuentra el consultante, sin categorizar al individuo, ya que todos los modelos propuestos por los teóricos se basan en generalidades y sería un error metodológico creer que esa generalidad es sinónimo de totalidad, por lo tanto, comprendan la teoría, pero confírmenla o descártenla de acuerdo a los parámetros de sus consultantes y no al revés.

Desarrollo cognitivo

La psicoterapia de crisis retoma la idea piagetiana de que el ser humano va asimilando y reacomodando las nuevas experiencias en una estructura previa, que se ha ido formando a lo largo de nuestra vida. El desarrollo cognitivo se ve influido por las experiencias durante la infancia, de aquí la relevancia de procurar estados afectivos agradables para propiciar el autoconocimiento, involucrando ambientes como el familiar, el escolar y por supuesto, el psicoterapéutico.

Las técnicas desarrolladas a lo largo de la psicoterapia se tendrán que plantear sobre la base del fortalecimiento de las operaciones cognitivas como la atención, el razonamiento, la memoria y la metacognición, tendrán que apoyarse en la estimulación sensorial, la exploración física y la potencialización de habilidades socioemocionales.

Como uno de los objetivos es la recuperación de recursos, podremos diseñar actividades de recuperación de información, para que así, las conexiones neuronales intercalen los nuevos aprendizajes con el material previo.

Jean Piaget (1936, 1967) propuso que el desarrollo cognitivo ocurre a través de una serie de etapas cualitativamente diferentes, donde los individuos asimilan nuevas experiencias e información y las acomodan en estructuras cognitivas existentes, llamadas "esquemas". Este proceso continuo de asimilación y acomodación permite al individuo adaptarse a su entorno y comprender el mundo de manera más compleja.

En la psicoterapia de crisis, el proceso de asimilación y acomodación es fundamental. Cuando una persona enfrenta una crisis, su capacidad para integrar la nueva experiencia en su estructura cognitiva puede verse desafiada. El terapeuta trabaja entonces, para facilitar la asimilación de la experiencia de crisis, ayudando al paciente a modificar y expandir sus esquemas preexistentes. Esto no solo permite una adaptación más saludable a la nueva realidad, sino que también fortalece las operaciones cognitivas como la atención, el razonamiento y la memoria, que pueden haberse visto afectadas por la crisis.

El siguiente cuadro resume lo descrito en la obra Piagetiana respecto a las características del desarrollo cognitivo

Etapas del desarrollo cognitivo	
Etapa	**Características**
Estadio Sensomotor	Obtiene sus experiencias a partir de la manipulación de objetos y de la información recabada por sus sentidos. Actividades caracterizadas por el egocentrismo, la experimentación y la imitación. Experiencia motora a partir de la repetición de actos (circularidad)
Preoperacional	Comienza lo simbólico Su pensamiento aún es concreto y lógico Sus conclusiones y explicaciones del mundo siempre son subjetivos Su pensamiento es estático
Operaciones concretas	Mayor capacidad de ejecutar operaciones mentales Manipulación de representaciones internas
Operaciones formales	Capacidad de abstracción Se consideran múltiples aspectos de un solo problema La lógica se separa de lo subjetivo Resolución de situaciones hipotéticas Se generan distintas hipótesis y se abandona la linealidad en los eventos.

Fuente: Oficina de Defensoría de Derechos de la Infancia (2005)

El concepto de egocentrismo en Piaget se refiere a la tendencia de los niños entre las etapas sensoriomotriz y preoperacional de centrar las explicaciones de los acontecimientos que le rodean desde su propio punto de vista, por lo que se les llega a complicar entender o aceptar las perspectivas de las demás personas.

Esto induce a pensar que el niño, después de un evento de crisis, como el abuso sexual, tienda a culparse de lo sucedido y tengamos frases como "no me porté bien y por eso lo hizo", Así, en este caso, la tarea del terapeuta es limpiar dicho sentimiento y permitir el paso a la etapa siguiente. A medida que los niños maduran y entran a las operaciones concretas (aproximadamente entre los 7 y 12 años), empiezan a superar este egocentrismo y desarrollan la capacidad de considerar múltiples puntos de vista.

De igual forma, el pensamiento estático se refiere a esa característica infantil, en donde el niño se enfoca únicamente en los estados de las cosas tal como se presentan en el momento en que las observa, aun no comprende los procesos de cambio de forma, las secuencias temporales o la conceptualización del espacio geográfico.

Por ello, con niños de entre 7 y 12 años es adecuado el uso de materiales como la plastilina para la asociación del concepto de resiliencia, la dramatización de escenarios en donde pueda aprender a establecer límites o el cambio de historias para que desarrolle su creatividad y la capacidad de resolución de conflictos.

De lo anterior, resalta la importancia que tiene el conocer las capacidades cognitivas que usuario posee, si se comprende a profundidad, el desarrollo de técnicas se da por añadidura.

Desarrollo psicosocial

> "Los niños sanos no temerán la vida, si los padres poseen
> una integridad suficiente como para no temer la muerte".
> Erik Erikson (1963), Childhood and society.

El desarrollo psicosocial propuesto por Erik Erikson es una teoría que busca explicar cómo el ser humano va evolucionando a lo largo de su vida, enfrentando y resolviendo diferentes crisis en cada estadio de desarrollo. En su teoría, el humano, a lo largo de 8 etapas enfrenta un conflicto central que influye en la forma con la que interactúa con el mundo.

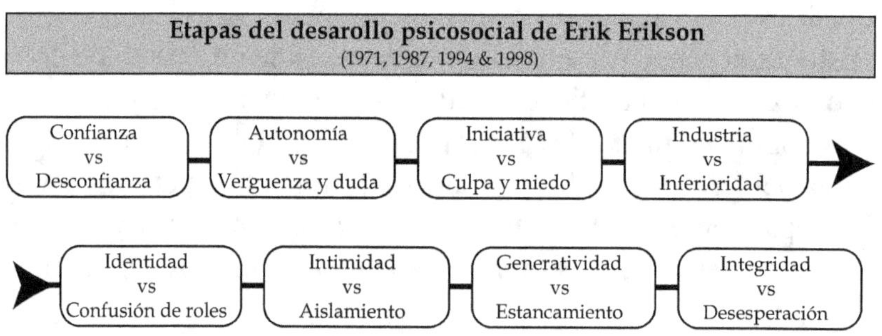

En cada una de estas etapas hay un objetivo terapéutico que hay que trabajar, la siguiente tabla sirve de guía al terapeuta para desarrollar sus estrategias basadas en el conflicto presente en cada momento de crisis:

Desarrollo psicoterapéutico basado en la etapa psicosocial		
Etapa	**Objetivo terapéutico**	**Ejemplos de intervenciones**
Confianza vs. Desconfianza (0-1 año)	Desarrollar confianza básica en los demás y en el entorno.	Terapia de apego, creación de un entorno seguro.
Autonomía vs. Vergüenza y Duda (1-3 años)	Fomentar la independencia y confianza en las propias capacidades.	Psicoeducación de padres, estrategias de exploración.
Iniciativa vs. Culpa (3-6 años)	Promover la capacidad para iniciar acciones y exploración del mundo.	Juego terapéutico.
Laboriosidad vs. Inferioridad (6-12 años)	Desarrollar un sentido de competencia y logro.	Refuerzo positivo, técnicas de modelado.
Identidad vs. Confusión de Roles (12-18 años)	Apoyar en la consolidación de la autoidentidad.	Fortalecimiento de la identidad, orientación vocacional.
Intimidad vs. Aislamiento (18-40 años)	Establecer relaciones íntimas y comprometidas.	Terapia de pareja, terapia interpersonal.
Generatividad vs. Estancamiento (40-65 años)	Promover la productividad y contribución a la sociedad.	Terapia existencial, participación en voluntariado.
Integridad vs. Desesperación (65+ años)	Aceptar la vida con un sentido de integridad y satisfacción. → Preparar ante la muerte	Terapia de revisión de vida, terapia de aceptación y compromiso.

Para finalizar, en la siguiente página se colocó una tabla comparativa de los modelos cognitivo y psicosociale con el objetivo de interconectar las etapas de ambas propuestas y comprender mejor las características de nuestro desarrollo que influyen en nuestro entendimiento del mundo.

<table>
<tr><td colspan="3" align="center">Modelos del desarrollo humano cognitivo y psicosocial</td></tr>
<tr><td></td><td>Erik Erikson</td><td>Jean Piaget</td></tr>
<tr><td>Teoría</td><td>Desarrollo psicosocial</td><td>Desarrollo cognitivo</td></tr>
<tr><td>Características</td><td>Desarrollo humano a través de la interacción social (8 etapas).</td><td>Desarrollo a través de las capacidades cognitivas (4 etapas).</td></tr>
<tr><td>Etapas del desarrollo</td><td>1. Infancia (0-1 años)
2. Primera infancia (1-3 años)
3. Preescolar (3-6 años)
4. Escolar (6-12 años)
5. Adolescencia (12-18 años)
6. Joven adulto (18-40 años)
7. Adulto medio (40-65 años)
8. Adulto mayor (65 años en adelante).</td><td>1. Sensomotriz (0-2 años)
2. Preoperacional (2-7 años
3. Operaciones concretas (7-11 años)
4. Operaciones formales (11 años en adelante).</td></tr>
<tr><td>Conceptualización</td><td>Cada etapa presenta un conflicto central que debe resolverse para un desarrollo saludable de la personalidad.</td><td>Cada etapa se caracteriza por nuevas habilidades cognitivas y formas de pensar que son cualitativamente diferentes de las etapas anteriores.</td></tr>
</table>

Desarrollo emocional

El trabajo con el trauma involucra un conocimiento profundo de las características emotivas del consultante, el terapeuta que ya las ha logrado identificar, fungirá la figura de guía en el autodescubrimiento que el consultante tendrá que recorrer para aprender a manejar de forma efectiva sus emociones y desencadenar así, una serie de cambios a lo largo de sus distintos círculos de vida.

A partir de la revisión bibliográfica, la propuesta de clasificación de habilidades socioemocionales para trabajar en la psicoterapia de crisis es la siguiente:

Autocontrol	Su fuente es el autoconocimiento y la automotivación. Involucra las habilidades que permiten moldear las emociones de acuerdo al contexto, mantener el equilibrio en situaciones difíciles y recuperar la calma durante las crisis.
Expresividad Emocional	Involucra habilidades que nos permiten comunicar el contenido emocional interno, el manejo emocional y su capacidad de que se comprenda nuestro sentir, incluso de forma no verbal. Se agregan otras habilidades específicas cómo el éxito en la búsqueda de ayuda.
Vinculación Afectiva	Se relaciona con establecer comunicación afectiva de acuerdo a los niveles adecuados de relación, el fortalecimiento de redes sociales de apoyo, el establecimiento de límites y habilidades más específicas como el altruismo, la negociación o el debate.
Recepción Afectiva	Su fuente principal es la capacidad empática. Su proceso es inverso a la expresividad, inicia en el exterior y repercute en la vida anímica interna. Un elemento importante es la capacidad de percibir y definir correctamente nuestras emociones.

El trabajo emocional se centra en evaluar estas habilidades en los consultantes a fin de poder responder a la pregunta ¿qué habilidades puedo ocupar en mi favor para resolver la crisis?, en un primer momento en el cual no hay mucho tiempo para potencializar aquellas disminuidas, sin embargo, conforme se va avanzando en el proceso es necesario procurar el desarrollo de competencias emocionales que fortalezcan su mente ante nuevas crisis.

Ahora, si bien hemos hablado del consultante, es menester referir que estos elementos también deberán estar presentes en el terapeuta, ¿es posible imaginar a un gestor de emociones que él mismo no sepa identificarlas en las demás personas? Por supuesto que no. El profesional que posea adecuadas competencias socioemocionales podrá, a partir de la interacción con su cliente, aprender a tomar sus emociones, darles nombre y moldearlas de acuerdo a sus objetivos, así, en una dinámica bidireccional, ambos se retroalimentan. El terapeuta es una fuente de conocimiento, desde su postura se nota el equilibrio de su emotividad, sin dar la sensación de sobreesfuerzo o compensación. Cuando el terapeuta percibe que su emotividad no ayuda para la potencialización de algún recurso, entonces podrá imitar o incluso, generar una modificación de su sentir para darle otro sentido a su discurso.

Los objetivos del trabajo en habilidades socioemocionales a lo largo del proceso psicoterapéutico son:

1. Desarrollar habilidades de autoconciencia y autogestión: Este objetivo se centra en la capacidad de los individuos para identificar y regular sus propias emociones y comportamientos. La autoconciencia implica una introspección profunda y honesta sobre los propios sentimientos, pensamientos y motivaciones. A través de la terapia, se fomenta la identificación precisa de estas emociones, lo cual es fundamental para poder regularlas de manera efectiva. La regulación emocional no solo permite manejar las emociones negativas, sino también potenciar las positivas, contribuyendo a una mayor estabilidad emocional (Illinois State Board of Education, 2004).

2. Asociar la vinculación y la recepción afectiva para el adecuado desenvolvimiento contextual: Reconocer los sentimientos y perspectivas de otras personas es un paso esencial. La empatía, entendida como la capacidad de entender la mirada del mundo desde la posición de otra persona, facilita una comunicación eficiente y una mayor comprensión mutua. Reconocer las similitudes y diferencias entre individuos y grupos contribuye a una mayor tolerancia y respeto hacia la diversidad pues en un mundo cada vez más globalizado y multicultural, esta habilidad es vital para evitar prejuicios y fomentar la inclusión. La comunicación clara y asertiva, junto con la capacidad de escuchar activamente, permite resolver malentendidos y construir relaciones basadas en el respeto y la colaboración, para ello también resulta útil saber negociar y entablar debate para exigir asertivamente nuestros derechos.

3. Activar habilidades de toma de decisiones y responsabilidad afectiva: desde el punto de vista socioemocional, la toma de decisiones es importante para el incremento de la autoconfianza y la automotivación, pues aquella persona que no tiene certeza en qué hacer, difícilmente estará satisfecha con sus resultados, de igual forma, la responsabilidad afectiva es la capacidad de reconocer y manejar de manera consciente y respetuosa las emociones propias y ajenas, lo cual resulta fundamental para establecer relaciones interpersonales más productivas, en el sentido de que son tendientes a establecerse vínculos más fuertes basados en la confianza mutua y la cooperación.

El desarrollo de competencias emocionales en psicoterapia es un proceso integral que abarca la autoconciencia, la gestión emocional, la conciencia social, las habilidades interpersonales y la toma de decisiones responsables. Estos objetivos interrelacionados no solo promueven el bienestar emocional, sino que también permiten a los pacientes para enfrentar los desafíos de la vida (incluyendo los traumas) de manera efectiva y constructiva. Las estrategias analizadas en el presente texto deberemos enmarcarlas dentro de os objetivos propuestos anteriormente.

Desarrollo biológico

El primer estudio sobre crecimiento humano se llevó a cabo entre los años 1759 y 1777 por el francés Count Philibert de Montbeillard quien midió la estatura de su hijo cada seis meses desde su nacimiento hasta sus dieciocho años (Cole, 2012). A partir de esa investigación comenzó el interés por entender las modificaciones del humano a lo largo del tiempo y fue que se consolidaron ciencias, técnicas y disciplinas tales como la morfología o la antropometría.

La psicoterapia ha retomado estos estudios y se ha apoyado de estas corrientes para hacer más exacta su práctica, así, los conceptos de historia biológica, desarrollo biológico y crecimiento son parte de nuestras teorías en desarrollo psicológico y humano.

> - Historia biológica: se refiere a los cambios fisiológicos, morfológicos y del comportamiento que ocurren en un organismo a lo largo de su vida, "sería la secuencia que nos dice cuándo nacen, cuándo se destetan, cuándo dejan de crecer, cuándo se reproducen y cuándo mueren los individuos de una especie" (Goikoetxea Zabaleta, 2011 p. 7).
> - Desarrollo biológico: proceso por el cual una sola célula se transforma en una criatura compuesta por una infinidad de células con funciones distintas, y abarca la progresión de estadios vitales desde la fecundación hasta la vejez (Goikoetxea Zabaleta, 2011). Este proceso es fundamental en el desarrollo psicológico, ya que el crecimiento y la maduración de las células del sistema nervioso influyen directamente en las capacidades cognitivas, emocionales y conductuales del individuo. Los estudios en psicología destacan cómo cada etapa del desarrollo biológico, desde la infancia hasta la vejez, está estrechamente vinculada con el desarrollo psicosocial y cognitivo, afectando la forma en que las personas interactúan con su medio.
> - Crecimiento: "se refiere a cambios en el tamaño corporal total, en las proporciones corporales, en la longitud y el tamaño de los diferentes segmentos corporales y en las dimensiones y

proporciones de los huesos craneales y faciales" (Thompson et al, 2003 citado por Goikoetxea Zabaleta, 2011).

Si buscamos comprender al consultante de una forma integral, podemos explorar un poco más a detalle sobre su historia biológica y seguramente encontraremos conexiones que aportarán mayor claridad en la sintomatología de su trauma.

Desarrollo moral

El área moral puede ser considerado una parte del desarrollo cognitivo, sin embargo, al tener inferencia vital en la conceptualización del evento de crisis y sus repercusiones, se decidió tomarlo como un círculo independiente. Así, aterrizamos a los estudios de Lawrence Kohlberg y su teoría de los estadios morales, en donde cada ser humano vamos pasando por etapas en nuestro razonamiento para integrar los convencionalismos sociales o reglas de interacción social.

Etapas del Desarrollo Moral
Lawrence Kohlberg

Nivel I. Moralidad preconvencional (4 a 10 años)	Nivel II. Moralidad convencional (10 a 13 años)	Nivel III. Moralidad postconvencional (13 años en adelante)
Primer estadio: Obediencia para evitar el castigo.	**Primer estadio:** Consideración convencional referido al otro concreto.	**Primer estadio:** Contrato social y utilidad
Segundo estadio: Orientación instrumental relativista	**Segundo estadio:** Orientación a la ley y el orden.	**Segundo estadio:** Principios éticos universales

Nivel I. Moralidad preconvencional (de los 4 a los 10 años): orientación hacia la obediencia y el castigo, su juicio se basa principalmente en necesidades y percepciones del propio niño. Se divide en dos etapas o estadios:

Etapa 1: obedece para evitar un castigo, así, los niños piensan que lo correcto es aquello que evita el castigo de sus cuidadores, sin considerar las implicaciones detrás de la acción.

Etapa 2: orientación hacia el interés propio o el intercambio instrumental en donde las acciones se juzgan correctas si satisfacen las necesidades del niño, aquí, el individuo comienza a aprender que los demás también tienen intereses y que se pueden establecer una interacción de intercambio de "dar y recibir", es decir, comprende a niveles básicos la noción de reciprocidad.

Al respecto la Oficina de la Defensoría de los Derechos de la Infancia (ODI) (2005) explica:

"El niño "instrumentaliza" el mundo y el orden moral según sus gustos y preferencias. Realiza "cálculos morales" para determinar quién y cuánto le ayuda.

Empiezan a considerar que todos tienen un punto de vista, pero el "correcto" aún depende de sus propios intereses y conveniencia. Son correctos con quienes lo son con ellos y viceversa. Así, comparan constantemente el trato que reciben de los otros y exigen que éste sea igualitario. Tienden a mostrar gran insensibilidad por el sentimiento de otros" (p. 72).

Nivel II. Moralidad convencional (10 a 13 años): la moralidad se basa en aspectos como la aceptación social, las expectativas de sus familiares, así como la aprobación de personas en específico.

Etapa 3: consideración convencional referido al otro concreto en donde el comportamiento se considera correcto si agrada a los demás, el individuo busca ser considerado "bueno" y está influenciado fuertemente por normas sociales y expectativas de los grupos a los que pertenece. "En la pubertad la aprobación de los pares es esencial. Por tanto, la presión del grupo entra en fuerte conflicto con la conciencia personal (ODI, 2005).

Etapa 4: orientación a la ley y el orden. El individuo desarrolla gradualmente el sentido del deber y respeto a las figuras de autoridad y así, los comportamientos se juzgan aceptados siempre que respeten el orden y el cumplimiento de obligaciones sociales.

Nivel III. Moralidad postconvencional de los principios autónomos (13 años en adelante).

Etapa 5: contrato social y derechos individuales. En esta etapa el individuo comprende la función de las normas sociales, pero las evalúa y comprende que, si no promueven el bienestar, podrán ser cambiadas. Ya existe un razonamiento moral centrado en los derechos individuales, lo valores democráticos, la justicia, la igualdad, contemplándolos como necesarios para el bien de toda la sociedad.

"Cree que hay un conjunto de valores y derechos que son válidos independientemente de lo establecido por una sociedad cualquiera en un momento determinado. Las leyes pueden cambiarse y si se mantienen es porque conviene a todos los individuos de la sociedad. La utilidad (personal y social) de las leyes justifica su validez. El juicio moral se basa en el compromiso social.

El control de la conducta ocurre de acuerdo con estándares internos; se valora la responsabilidad de formar parte de una sociedad. La motivación para actuar conforme al bien es ayudar a que el sistema funcione" (ODI, 2005, p. 73).

Etapa 6: principios éticos universales. Se está dispuesto a actuar en función de los principios éticos como la justicia y la equidad, incluso si van en contra de las leyes o normas sociales (dictaduras o normas inconstitucionales) "se aceptan los principios de un modo reflexivo, como algo bueno o valioso desde un punto de vista racional, no exclusivamente legal o jurídico" (ODI, 2005, p. 73). La moralidad adquiere autonomía y las reglas se evalúan para determinar su cumplimiento, siempre que concuerden con los valores del individuo, de lo contrario, será rechazadas.

Kohlberg sugirió que no todas las personas alcanzan las etapas más altas de desarrollo moral, algunas se quedan con el planteamiento de que las normas se deben seguir por el simple hecho de estar dictadas o con la noción de cumplirlas para agradar a otras personas, así que el progreso a través de estas etapas no es automático, sino que depende de otros factores contextuales, así como las propias experiencias de vida.

En psicoterapia de crisis, tendremos a muchas personas que les resulta complicado cambiar sus patrones de conducta y desarrollar nuevos aprendizajes y la razón en múltiples ocasiones son los mandatos que los padres depositan a lo largo de su crianza, así como las palabras de los adultos representativos que convivieron con ellos, algo que a mi me gusta englobar como ecos del pasado o ecos de los padres.

Por lo tanto, habrá que utilizar técnicas que, en algunas ocasiones, complementen dichos ecos, pero muchas veces, las estrategias tendrán el objetivo de destruir por completo los ecos porque no solo limitan el crecimiento, sino que lo degradan a una vida simple. Así, sustituyan esos ecos para construir principios individuales que potencialicen el crecimiento del individuo y lo coloquen en un estado exaltado de existencia.

FASE DE EVALUACIÓN

Antes de aplicar la psicoterapia de crisis es importante entender sus niveles de alteración y las manifestaciones del trauma, para lo cual, este capítulo tendrá algunas herramientas de evaluación de las cuales el terapeuta podrá hacer uso, junto a las que ya conozca para enmarcarlas dentro del marco teórico analizado anteriormente y así comprender al consultante en crisis para establecer la estrategia más adecuada a él.

En lo general, podemos establecer que las evaluaciones tienen los siguientes objetivos:

1. Conocer la sintomatología de crisis
2. Entender a profundidad su personalidad, sus recursos y sus redes de apoyo
3. Analizar situaciones de riesgo (ideación suicida, drogadicción, etc.)
4. Establecer mecanismos de protección a víctimas (abuso sexual, violencia familiar, etc.)
5. Complementar el proceso con intervención farmacológica (en caso de ser completamente indispensable)
6. Diagnosticar posibles trastornos comórbidos (intoxicación, consumo de sustancias, esquizofrenia, trastorno por estrés postraumático, etc.)

De igual forma, si estamos trabajando a nivel superficial con PAP's, la evaluación nos permite comprender el enfoque de trabajo más pertinente al caso, si el usuario necesita algo más conductual o si su sintomatología demanda algo más profundo, lo importante es dirigirlo hacia el mejor camino hacia su crecimiento.

Para lo anterior, "la valoración debe ser breve, inmediata y centrada. Su meta es determinar la urgencia de la crisis, el grado de daño psicológico existente, así como también el grado de capacidad para enfrentarse a dicho daño" (Wainrib & Bloch, 2000, p. 103) así entonces, habremos de comprender: 1) la naturaleza del evento, 2) la situación del usuario respecto a este y 3) el tipo de relación con las demás personas afectadas. La evaluación tendrá que contemplar las cinco esferas del usuario, según lo planteado de antaño en el modelo CASIC de Richard Lazarus:

Evaluación CASIC
Valoración básica de la personalidad

| Conductual | Afectivo | Somático | Interpersonal | Cognoscitivo |

Evaluación básica (CASIC)

Es de las más completas evaluaciones y fue propuesta por Richard Lazarus, es conocida dentro de los programas de atención a desastres e intervención en crisis como modelo CASIC de valoración básica de la personalidad. El nombre es un acrónimo de las palabras Conductual, Afectivo, Somático, Interpersonal y Cognoscitivo, aquellos sistemas internos que son necesarios de entender antes del desarrollo de una estrategia psicoterapéutica.

El siguiente cuadro nos describe detalladamente lo que tendremos que evaluar en cada una de las esferas, sus variables descritas no son limitativas y se pueden complementar con estrategias propias de las distintas corrientes psicoterapéuticas, los test proyectivos, así como de los distintos test psicométricos.

Evaluación CASIC

Sistema	Subsistema
Conductual	Patrones de trabajo, hobbies, hábitos de comida, bebida y sueño, comportamiento sexual, consumo de sustancias psicoactivas, presencia de conductas de riesgo (sexo sin protección, conductas suicidas o comportamiento extremo compensatorio), conducta delincuencial, violencia.
Afectivo	Evaluación de las emociones básicas y su expresividad en los distintos círculos de vida, duelos.
Somático	Sintomatología fisiológica de crisis (Taquicardia, vértigo, sudoración excesiva, mareos, vómitos, desfallecimientos, temblores, perturbaciones del sueño).
Interpersonal	Redes de apoyo, actividades fuera de casa, cualidad/cuantidad de sus amistades, formas de interacción (por ejemplo, los patrones universales de Virginia Satir (2002); aplacador, acusador, calculador, distractor o nivelador).
Cognoscitivo	Autohipnosis (negativas y positivas), Presencia de ideas irracionales, formas de autovaloración, esquemas mentales, presencia de sintomatología psicopatológica (alucinaciones, delirios, desorganización, etc.), mecanismos de defensa, filosofía de vida, perspectiva a futuro, evaluaciones del pasado, espiritualidad y religiosidad,

Ahora, los siguientes formatos y estrategias de evaluación tienen el objetivo de recabar suficiente información para establecer la estrategia inicial de intervención o bien, para detectar un conflicto específico más severo.

Valoración básica del evento de crisis y sus consecuencias

Nombre:_________________________ Edad______________ Género__________

Nombre del asesor___________________ Fecha de valoración__________________

Objetivo ____

____

I. Incidente precipitante

¿Cuál fue el incidente precipitante?

____

____

¿Cuándo ocurrió el incidente precipitante?

____

¿Qué consecuencias tuvo el incidente precipitante? (Materiales, humanas, legales, etc.)

____

____

¿Qué personas estuvieron involucradas en el incidente?

____

¿El consultante ha tenido incidentes similares? Descríbalos

____

____

Categoría del incidente:

Desastre masivo ( )   Crisis incidental ( )   Crisis evolutiva ( )

II. Sistema conductual

¿El consultante tiene trabajo actualmente? Si ( ) No ( ) ¿Porqué motivo?_____________

____

¿El consultante se alimenta adecuadamente? Si ( ) No ( ) ¿Porqué motivo?_____________

____

¿El consultante tiene buenos hábitos de sueño? Si ( ) No ( ) ¿Porqué motivo?___________

____

¿Describa las actividades que el consultante disfruta realizar? _______________________

____

Valoración básica del evento de crisis y sus consecuencias

III. Conductas de riesgo

¿El consultante ha tenido relaciones sexuales desde el incidente de crisis? *1.* **Si ( )**
(De acuerdo a la respuesta del consultante elegir 1 o 2)

¿Con qué frecuencia? _________________ ¿Son parejas diferentes? Si ( ) No ( )

¿Ha utilizado protección? Si ( ) No ( ) ¿Ha combinado con drogras? Si ( ) No ( )

2. No ( ) ¿Cuál es la razón? ____

¿El consultante se masturba? No ( ) Si ( ) ¿Con qué frecuenci_______________

¿El consultante practica deportes extremos? No ( ) Si ( ) ¿Desde cuando?_________

¿Qué experiencia tiene cuando práctica ese deporte? (Sensaciones, pensamientos, etc.)_____

____

¿El consultante se percibe como un individuo violento? No ( )

Si ( ) ¿Desde cuando?_________________ ¿De qué forma? _________________

¿Con quién? ____

IV. Comportamiento delincuencial

¿El consultante realiza actos delincuenciales? No ( ) Si ( ) ¿Desde cuando?________

Enuncie el tipo de actos delincuenciales _______________________________

____

¿El consultante es miembro de alguna pandilla? No ( ) Si ( ) ¿Desde cuando?______

¿Desde el incidente de crisis, el consultante se ha visto inmerso en riñas callejeras?

No ( ) Si ( ) ¿Con qué frecuencia? ___________ ¿Qué consecuencias ha tenido? ____

¿El consultante tiene problemas legales? No ( ) Si ( ) ¿De qué tipo?_____________

¿El individuo ha tenido conflictos por su comportamiento sexual? No ( ) Si ( )

¿De qué tipo?____

¿El consultante ha ocasionado daños en propiedad ajena? No ( ) Si ( ) Frecuencia__

¿Qué consecuencias ha tenido derivado de esta conducta? _________________

Valoración básica del evento de crisis y sus consecuencias

V. AFECTIVIDAD

Puntúe de acuerdo a las respuestas de su consultante   Si   No

	Si	No
Puede expresar sin dificultades sus emociones		
Evita mostrar sus sentimientos a los demás		
Es capaz de llorar frente a otras personas		
No demuestra su enojo para evitar conflictos con otras personas		
No lograr autoregularse cuando siente alguna emoción intensa		
Algunas personas le han dicho que es inestable		
Le han comentado que es una persona muy fría o calculadora		
Sus emociones no corresponden con lo que otras personas lo perciben		
A veces siente que explota, pero lo contiene		
A veces explota y le cuesta trabajo controlarse		

VI. Depresión y riesgo suicida

¿Se siente triste con frecuencia? Si ( ) No ( ) ¿Con qué frecuencia?_______________________________

Durante el último mes has sentido que:

Número de días:	0	1 a 3	4 a 6	7 o más
a) No puede seguir adelante				
b) Tiene pensamientos sobre la muerte				
c) Su familia estaría mejor si él/ella estuviera muerto/a				
d) Pensó en matarse				

VII. Satisfacción personal

¿Qué tan satisfecho está con su forma (estilo) de vida en este momento?

Muy satisfecho ( ) Satisfecho ( ) Inseguro ( ) Insatisfecho ( ) Muy insatisfecho ( )

¿Cuáles son sus metas a futuro?____

____

____

En la dinámica con el consultante ¿cómo percibe que expresa sus emociones?

Indiferente ( )

Inestable ( )

Regulado ( )

Alegre ( )

Exageradamente alegre ( )

Otro: ____

Esta pregunta se puede responder al finalizar la entrevista y contemplará la percepción del terapeuta, lo cual resulta clave en el desarrollo de una interacción enpática con el consultante.

Valoración básica del evento de crisis y sus consecuencias

VIII. SOMÁTICO (Sintomatología corporal de crisis) *Valoración del consultante*

Instrucciones: marque en el recuadro la respuesta correspondiente de acuerdo a la presencia e intensidad de los siguientes síntomas.

Intensidad: puntúe de acuerdo a una escala del 1 al 5 donde 1 es intensidad baja y 5 intensidad alta.

Síntoma	1	2	3	4	5
Taquicardia					
Vértigo o mareos					
Sudoración excesiva y sin causa aparente					
Vómitos					
Desfallecimientos o desmayos					
Hiperventilación					
Temblor corporal					
Alteraciones del sueño					
Presión arterial elevada					
Dificultad para respirar					
Debilidad y fatiga					
Rigidez muscular					
Problemas digestivos					
Cefaleas					
Fatiga general					
Falta de apetito					
Problemas de la piel					

IX. INTERPERSONAL

Actualmente ¿Con quién vive el consultante? _______________________________________

¿Desde cuando? _____________ ¿Cómo es su relación con ellos?_______________________

____

¿Cuántos de sus familiares viven actualmente? __________ ¿Mantiene contacto con ellos?_______

¿Tiene amigos? No ( ) Si ( ) ¿Cuántos? _______________ ¿Mantiene contacto con ellos?_______

¿Mantiene relaciones sociales? No ( ) Si ( ) ¿De qué tipo? _________________________________

¿Asiste a grupos sociales o de apoyo? _______ ¿Trabaja actualmente? _____________________

¿Puede entablar conversación con personas desconocidas? ______ ¿Por qué?___________________

____

¿Puede separarse fácilmente después de tener interacción con otra persona? ___________________

¿Tiene pareja sentimental? _________ ¿Desde cuando? _______ ¿Cómo describe la relación? _______

____

¿Evita algún tipo de lugares? No ( ) Si ( ) ¿Cuáles? ______________________________________

____

¿Evita algún tipo de personas? No ( ) Si ( ) ¿Cuáles? _____________________________________

____

¿Siente temor al quedarse solo/a? No ( ) Si ( ) Razón: ___________________________________

¿Es capaz de solicitar ayuda a conocidos? ____ ¿Es capaz de solicitar ayuda a desconocidos? _____

¿Tiene conflictos con algún miembro de su trabajo? No ( ) Si ( ) ¿De qué tipo?______________

¿Tiene conflictos con algún miembro de su familia? No ( ) Si ( ) ¿De qué tipo?______________

¿Interactúa con sus vecinos? __________ ¿Se le facilita hacer amigos?_______________________

¿Tiene conflictos internos con alguna persona sin alguna razón justificada? No ( ) Si ( )

¿Con quién? _____________ ¿Cuál cree que es la razón? __________________________________

¿Desde cuando percibe ese conflicto? _______________ ¿Ha tratado de solucionarlo? ___________

¿Cómo describe su desenvolvimiento en sus grupos sociales? ______________________________

________________ ¿Cómo resuelve los conflictos con otras personas? ________________________

________________ ¿Cómo recibe las críticas? ____

X. ÁREA COGNITIVA

¿Cómo es la valoración del consultante del evento de crisis? _______________________

____

¿El consultante se siente responsable del evento de crisis? No ( ) Si ( ) ¿De qué forma?_________

____

¿Se presentan pensamientos e imágenes intrusivos después del evento? No ( ) Si ( )

¿De qué tipo? ____

Valoración del Trastorno por Estrés Agudo

	Si	No
Recuerdos angustiantes, incontrolables e intrusivos del evento al que estuvo expuesta		
Sueños y pesadillas relacionadas al evento		
Aparición de flashback		
Alteraciones del sentido de realidad		
Alteraciones del sueño (insomnio, hipersomnia)		
Hipervigilancia		
Dificultad de concentración		
Irritabilidad o ira		
Dificultades de expresividad emocional		
Amnesias en torno al evento estresante		
Respuesta exagerada ante estímulos neutros (ruidos, movimientos, etc.)		

Recursos Internos

¿Cuáles son sus valores más importantes? ___________________________________

____

Generalmente ¿Cómo resuelve sus dificultades? _____________________________

____

¿El consultante es religioso? No ( ) Si ( ) ¿Qué religión practica? _______________

¿Cuáles son sus creencias espirituales? ____________________________________

____

¿Cuáles han sido sus pérdidas más significativas? ___________________________

____

¿Las ha resuelto? No ( ) Si ( ) ¿Cómo las ha resuelto? _______________________

____

Valoración básica del evento de crisis y sus consecuencias

Mecanismos de defensa

Señale los mecanismos de defensa más recurrentes en el discurso del consultante:

Condensación	( )	Negación	( )
Desplazamiento	( )	Proyección	( )
Disociación	( )	Racionalización	( )
Formación Reactiva	( )	Represión	( )

Filosofía de vida y perspectiva a futuro

¿Qué piensa de la vida? ____

____

¿Cómo es el mundo en el que vive el consultante? _______________________

____

¿Qué aspiraciones tiene? ____

____

¿Qué sueños busca alcanzar? ____

____

¿Cree posible alcanzar sus sueños? _____________________________________

¿Cómo se visualiza en tres años? _______________________________________

____

¿Cómo se visualiza en diez años? _______________________________________

____

Preguntar: ¿Existe el destino o creamos nuestro camino? _________________

____

Si pudiera cambiar algo de su vida ¿Qué sería? _________________________

____

Preguntar: ¿A qué aspira el ser humano en su vida? _____________________

____

Autohipnosis

¿Cómo se percibe así mismo el consultante? _______________________________

____

¿Cuáles son las frases y palabras que se dice así mismo? ___________________

____

¿Cáles son sus deberías? (ideas introyectadas) ___________________________

____

¿El consultante se automotiva? No ( ) Si ( ) ¿Cómo lo hace? ____________

____

¿Cuáles son sus excusas más recurrentes que le impiden ejecutar sus intereses? __________

____

Cuando platica con otras personas ¿Cómo piensa que es percibido? ____________

____

¿Está contento con su estructura corporal? Si ( ) No ( ) ¿Cuál es la razón? ____________

____

¿Está contento con su personalidad? Si ( ) No ( ) ¿Cuál es la razón? ____________

____

En la escala del 1 al 10, en donde 1 es nulo y 10 es por completo ¿Qué tanto control percibe el

consultante sobre sus conductas? ______ Razón: ________________________

____

Cuando el consultante se ve en el espejo ¿Qué sentimientos y pensamientos aparecen? _______

____

- Fin de la valoración -

Es muy probable que muchas de las preguntas tengamos que explicarlas un poco más al consultante, por ejemplo, cuando ocupamos palabras como flashback o autorregulación, que comúnmente no están dentro del léxico no especializado. Así también durante el cuestionario se tendrá que contemplar las formas de expresarse y debatir alguna contrariedad, en la siguiente transcripción se ejemplifica:

Manhattan G.

Consultante: en realidad todo está tranquilo, no hay tanto problema después de eso...

Psicoterapeuta: dices que todo está tranquilo y quizá sea así, ¿pero es probable que esté tan tranquilo todo que no avances?

C: tal vez, he llegado a pensar que ya no hay algo por lo que avanzar

P: creo que es normal tener esta visión de tu futuro en este momento, anteriormente ¿cómo era tu visión del mundo?

C: antes parecía que las cosas simplemente fluían, como si estuviera destinado a algo y solo hacía falta dejarme llevar.

P: bueno, hay veces que el mundo nos devuelve el rumbo de nuestro destino, aunque la forma de hacerlo no sea tan agradable... al final de cuentas es una oportunidad.

C: no siento que sea una oportunidad, creo más bien que es un balde de agua fría, algo que me devolvió a la realdad.

P: ¿Te hubiera gustado continuar en la fantasía?

C: a veces si

P: ¿Cuándo no?

C: cuando veo a mi familia y veo todo lo que pudimos ser antes de todo este conflicto, si hubiésemos aprovechado el tiempo...

P: Está ben, entonces ¿devolverte a la realidad es un indicativo de comenzar a aprovechar el tiempo.

C: si tal vez sí, ¿cómo se aprovecha el tiempo?

P: en ti no lo sé... en mi cuando hago las cosas que me gustan, por ejemplo en este momento estoy aprovechando el tiempo tratando de apoyarte en que descubras cómo aprovecharías el tempo tú ¿Cuál sería un indicador de que estás aprovechando el tiempo?

C: mejorar mi tranquilidad

P: ¿Cómo sería eso? ¿cómo lo pudiéramos medir?

C: no sé, tal vez dependiendo de los días en que no me peleo con otras personas, con mis compañeros, por ejemplo, o la cantidad de días que puedo tomar un respiro.

P: bien, podemos tomar eso para medirlo, aunque algunas veces las discusiones son necesarias para mejorar algo en nuestra vida, el hecho de que busques mejorar tu vida disminuyendo esos roces, no quiere decir que tengan una naturaleza disfuncional, sino que solo hay que hacerlo en la intensidad o modalidad adecuada y la mayoría de las veces, con las personas adecuadas.

C: si, entiendo...

Ideas irracionales

Una idea irracional es un pensamiento asociado a una emoción intensa que desencadena comportamientos inadecuados al contexto, creando consecuencias negativas para las personas o para quienes le rodean.

Ideas irracionales

Pensamiento irracional	Emociones asociadas	Comportamientos desencadenados
Cometí un error, soy una persona incapaz	Ansiedad, frustración, tristeza, desesperación.	Darse por vencido, no confiar en sus capacidades.
No me puedo controlar	Ira, rabia, excitación, desesperación.	Golpear, ofender, matar, tener relaciones sexuales sin protección, etc.
No puedo vivir sin ella/él	Tristeza, frustración.	Realizar actos de búsqueda de la persona, intentos de suicidio, relaciones de pareja disfuncionales/violentas.
Todas las personas deben aceptarme y quererme	Ira, rabia, frustración.	Acciones emprendidas para agradar a los demás, conflictos con otras personas.
Así soy yo, no puedo cambiar	Frustración	Posturas negativas que desencadenan conflictos en entornos sociales.

Formato: El futuro es de todos, Gobierno de Colombia

Al evaluar el discurso del consultante a lo largo de todo el proceso, es importante trabajar con sus ideas irracionales y medir el impacto que tiene la modificación en su vida cotidiana, en sus relaciones interpersonales, así como en el disfrute de su existencia.

Para un análisis profundo, se recomienda utilizar el Cuestionario de Creencias Irracionales (Calvete y Cardeñoso, 1999) basado en el modelo de Terapia Racional Emotiva de Albert Ellis (1958, 2003).

Análisis Funcional de la Conducta (AFC)

Para Urrea Cuellar (2020) el análisis funcional de la conducta es una "integración de variables y relaciones causales con los problemas del consultante y con los objetivos del tratamiento" (p. 21).

Zanón Orgaz y sus colaboradores del Centro de Psicología Aplicada de la Universidad Autónoma de Madrid mencionan que los beneficios de realizar un AFC son:

- Identificar los antecedentes del conflicto, entendiéndolos con base al modelo conductual Estímulo-Respuesta-Estímulo.
- Entender las variables involucradas en la respuesta de la persona y de su entorno.
- Facilitar la formulación de hipótesis que expliquen las razones del comportamiento del consultante.
- Describir topográficamente el comportamiento analizado (forma, duración, intensidad, etc.)

Ahora, el procedimiento que proponen los autores se basa en seis pasos explicados a continuación:

1. Identificación de "áreas problema": en este primer paso es importante enfocarse en las razones que llevan al consultante a buscar ayuda. Así, la escucha activa ayudará a reconocer las áreas afectadas.

¿Cómo identificar el problema? De toda la información recopilada durante la evaluación, destaca o subraya aquellos comportamientos que generan malestar o sufrimiento (ya sea por exceso, defecto, o porque ocurren de manera inapropiada), y busca identificar las "áreas problemáticas".

2. Identificar variables moduladoras para cada área problema: entender aquellos elementos del contexto del usuario que influyen en el problema, es decir, las fuentes de estrés adicionales (factores económicos, familiares, sociales, laborales, etc.).

3. Elaboración de hipótesis de mantenimiento: para ello debemos identificar si es una respuesta condicionada u operante, es decir, si una respuesta aparece ante determinados estímulos sabremos que hablamos de una respuesta condicionada, por su parte, la respuesta operante es resultado de la asociación de recompensas y castigos, por lo tanto, podremos desarrollar una hipótesis basada en:

- Que el consultante genera tensión por una asociación inicial simple entre el estimulo estresante y la respuesta emocional.
- Que el conflicto surge a partir de la percepción de ganancias o pérdidas derivadas de hacer o dejar de hacer una determinada acción.

4. Relacionar las variables disposicionales con las consecuencias: hace referencia a las cadenas que se desarrollan a partir de un conflicto nodular, por ejemplo, una persona que tuvo un accidente de auto creó una asociación entre el choque y las emociones experimentadas durante el conflicto, pero a su vez, comienza a sentir sensaciones de ansiedad cuando se imagina subido en un automóvil, posteriormente, cuando alguien le invite a subir a su auto, responderá a la defensiva o incluso agresiva, así se van desarrollando múltiples asociaciones conflictivas derivadas de un evento clave.

5. Elaborar la hipótesis de origen: con toda la información recabada, el terapeuta podrá desarrollar un punto inicial del problema, en donde trabajando con él, otros conflictos irán resolviéndose o por lo menos, facilitándose.

6. Platear objetivos terapéuticos y técnicas de intervención: por último, el establecimiento del plan terapéutico aparece cuando tenemos claro el problema, sus variables y las consecuencias personales y/o contextuales.

La terapia conductual ha sido muy criticada por su mirada hermética de los conflictos humanos, sin embargo, es innegable su influencia en múltiples enfoques psicoterapéuticos, influencia que nutre en gran medida la objetividad del tratamiento, por ejemplo, los modelos sistémicos utilizan (aunque no lo especifiquen) el Análisis Funcional de la Conducta para comprender la secuencia de puntuación de hechos dentro de un conflicto familiar.

Redes Sociales de Apoyo (RSA)

Las redes de apoyo cumplen una función dual en la intervención de una crisis, bien pueden ser un sustento para la recuperación del individuo o una variable de agravamiento. La experiencia clínica y diversos estudios (Jara, 2021; Sluzki, 1998 ; Thoits, 1985) reflejan cómo una sólida conducta de ayuda por parte de nuestros cercanos incrementa la estabilidad emocional y el sentido de vida, contribuyendo a un buen estado de salud, así como en la disminución de estrés ante la presencia de estímulos complejos del ambiente.

Dentro de las estrategias básica en psicoterapia de crisis está el fortalecimiento de las redes de apoyo, pues es mejor este enfoque que el de intentar la disminución de estresores (Jara, 2021) lo cual, por supuesto resulta en una quimera, pues el mundo está lleno de eventos difíciles que buscarán mermar las defensas del individuo.

Siguiendo la línea del pensamiento de César Jara (2021), las redes sociales son la segunda línea de defensa, siempre que esta red no sea en sí misma un estresor (familias violentas, religiones ortodoxas, grupos delincuenciales, etc.), siendo la primera línea las características personales del usuario, hablando específicamente de su autoestima, su estructura cognitiva, sus mecanismos de defensa y sus estrategias de afrontamiento.

Cuando identifiquemos una red estresante, habrá que sugerir el desprendimiento de ella, si estamos hablando de familias se puede proponer una psicoterapia familiar, pero muchas veces, en esta cerca de caucho que proponía Lyman Wynne (Hoffman, 2021) es difícil que las familias opten por hacerse responsables de la sintomatología presente en su núcleo y opten por una retroalimentación negativa, lo cual concluye en el abandono del proceso psicoterapéutico, por ello, muchas veces el individuo, para poder crecer, termina abandonando el sistema disfuncional, llámese familia, pareja, grupo escolar, grupo laboral, etc.

Autohipnosis negativa

En 1975, el Dr. Daniel L. Araoz propuso el termino Autohipnosis negativa para darle nombre a todas aquellas palabras que nos decimos a nosotros mismos y que mantienen o incrementan el malestar emocional derivado de un problema. Estos patrones de pensamiento (autosugestión) contribuyen a estados de ansiedad, depresión, baja autoestima, etc., y limitan el potencial de crecimiento de un ser humano.

Los consultantes pueden utilizar una variedad de autosugestiones que limitan su experiencia, algunas pueden ser:

- **Limitantes:** "No soy lo suficiente" "No soy bueno en nada" "No puedo hacer nada bien" "No merezco ser feliz".
- **Generalizadas:** "siempre fracaso en todo lo que intento" "todo lo que hago me sale mal".
- **Catastróficas:** "algo malo va a suceder si hago esto" "nunca saldré de esta situación".
- **Identificadas al problema:** "soy un perdedor" "soy un fracaso"
- **Descalificadoras:** "fue suerte de principiante" "cualquiera lo puede hacer" "A duras penas lo logré"
- **Incapacitantes:** "no soy capaz de cambiar" "nunca voy a superar este problema"
- **De autosabotaje:** "ni debería intentarlo" "seguramente fallaré" "mejor no me arriesgo, para no decepcionarme".
- **De crítica:** "van a pensar que soy un chiste" "me veré ridículo haciendo eso" "si me equivoco se burlarán de mi"
- **Comparativas:** "nunca seré tan bueno como tú" "siempre voy un paso atrás".

El poder de la mente puede ser un arma de doble filo, bien puede beneficiar al cumplimiento de nuestros objetivos o bien, puede limitar nuestro potencial. Cuando identifiquemos en e consultante frases de autohipnosis negativa, es importante complementarlas o eliminarlas, así podremos cambiar la perspectiva de que "es un perdedor que no puede hacer nada" a la de "un hombre con una gran templanza con el poder de alcanzar cualquier objetivo que se proponga". "El cerebro no toma nada como imaginario, todo lo toma como real".

En la sección de trabajo con hipnosis revisaremos algunas estrategias que potencializan el uso positivo del lenguaje y que benefician el crecimiento humano mediante un estado alterno de conciencia.

Sintomatología psicopatológica

El objetivo de esta última sección es la valoración clínica de los trastornos indirectamente asociados al trauma psíquico y se conforma de una serie de preguntas que el terapeuta podrá aplicar durante la exploración inicial, sin embargo, si su interés es desarrollar un diagnóstico certero, tendrá que utilizar las herramientas de evaluación que se describen a lo largo del presente capítulo a fin de tener un panorama más certero.

Recordemos que no hace falta tener completamente todos los criterios de un trastorno en específico para trabajar el problema, los síntomas individuales se pueden intervenir con alguna técnica o estrategia para mejorar la calidad de vida del consultante.

Trastornos de síntomas somáticos y otros relacionados

Características generales: en este grupo se engloban aquellos trastornos en donde no existe una causa médicamente evidente para el malestar corporal que el individuo describe. Tenemos los siguientes trastornos:

- **Trastorno de síntomas somáticos**, que se caracteriza por la presencia de pensamientos, sentimientos o comportamientos desproporcionados y persistentes relacionados con los síntomas somáticos o con la propia salud. El consultante suele gastar mucha energía y tiempo con esta preocupación que lo lleva a revisiones médicas recurrentes. Es posible que el consultante llegue a presentar dolor con las somatizaciones.

- **Trastorno de conversión** en donde el consultante presenta una alteración motora o sensitiva, la cual es contraria a cualquier diagnóstico médico relacionado con alguna afectación neurológica conocida. Es posible que llegue a presentar síntomas de debilidad o parálisis, movimientos anómalos, mala articulación al hablar, dificultades para deglutir, convulsiones, anestesias, alteraciones sensoriales.

- **Trastorno de ansiedad por enfermedad,** conocido como hipocondriasis

- **Trastorno facticio** (simulación) que se caracteriza por la falsificación de signos o síntomas relacionadas a alguna enfermedad, el cual, desde la clínica, es la forma por la cual el consultante busca llamar la atención o incluso, la forma mediante la cual busca ocupar un lugar en su medio.

El supuesto de estos problemas está en que, derivado de un trauma psíquico, el paciente puede llegar a presentar los siguientes síntomas característicos de los somáticos, sin causa médica verificable:

- Dolor persistente
- Fatiga y sensación de falta de energía que no mejora con el descanso
- Problemas gastrointestinales como dolor abdominal, hinchazón, diarrea, estreñimiento o náuseas.
- Desmayos, entumecimiento o sensación de hormigueo, dificultad para respirar al sentir una sensación de opresión en el pecho.
- Sensación de palpitaciones cardiacas irregulares o dolores
- Problemas dermatológicos como erupciones cutáneas, picazón o cualquier cambio en la piel sin causa médica que la explique.

- Problemas genitourinarios, como dolor al orinar o aumento de la necesidad de hacerlo, así como problemas sexuales como disfunción eréctil o vaginismo.

- Preocupación excesiva por la salud que puede llevar al consultante a recurrir muchas veces al médico.

- Hipocondría: preocupación excesiva por tener o adquirir una enfermedad grave cuando no exista razón justificable para la preocupación (por ejemplo, factores genéticos o malos hábitos alimenticios)

Para poder explorar y entender al consultante en relación a esta sintomatología, el terapeuta puede aplicar durante las conversaciones un cuestionario básico:

1. En los últimos seis meses, ¿ha experimentado dolor o malestar físico en alguna parte del cuerpo que no ha podido ser explicado por un diagnóstico médico?

2. ¿Con qué frecuencia siente preocupación o angustia por su salud física?

3. ¿Algún médico le ha dicho que sus síntomas físicos no tienen una causa médica clara?

4. ¿Ha experimentado síntomas como fatiga extrema, mareos, dolores de cabeza, o problemas digestivos que interfieren con sus actividades diarias?

5. ¿Ha visitado a varios médicos o especialistas buscando una explicación para sus síntomas sin obtener respuestas claras?

6. ¿Siente que sus síntomas físicos empeoran cuando está estresado o ansioso?

7. ¿Ha faltado al trabajo, escuela, o a otras responsabilidades debido a sus síntomas físicos?

8. ¿Sus preocupaciones sobre la salud física le causan problemas en su vida social, como evitar actividades o interacciones con otras personas?

9. ¿Ha tenido pensamientos persistentes sobre tener una enfermedad grave a pesar de que los médicos le han dicho que no tiene ninguna condición seria?

10. ¿Ha notado que sus síntomas físicos han cambiado o se han extendido a diferentes partes del cuerpo sin una razón clara?

11. ¿Se siente insatisfecho con la atención médica que ha recibido para sus síntomas físicos?

12. ¿Gasta una cantidad considerable de tiempo y recursos en investigaciones sobre posibles enfermedades o tratamientos para sus síntomas?

13. ¿Siente que las personas a su alrededor no comprenden o no toman en serio sus preocupaciones sobre su salud física?

14. ¿Ha evitado hacer ejercicio, trabajo físico o actividades recreativas por temor a empeorar sus síntomas físicos?

15. ¿Le preocupa que sus síntomas físicos puedan estar afectando su bienestar emocional o mental?

Herramientas de valoración clínica: Escala de Síntomas Somáticos Revisada (ESS-R), Patient Health Questionnaire-15 (PHQ-15), Escala de Bienestar Psicológico, Inventario de Síntomas SCL-90-R de L. Derogatis y el Inventario Breve de Síntomas.

Caso clínico: París L.

Edad: 35 años
Estado civil: Casada
Ocupación: Profesora de educación primaria
Motivo de consulta: Dolor generalizado y preocupación constante por su salud física.

París L., una mujer de 35 años, acude a la consulta porque desde hace aproximadamente dos años experimenta una serie de síntomas físicos que incluyen dolor abdominal, cefaleas, fatiga crónica, y dolores musculares. Estos síntomas no parecen tener una causa médica clara, a pesar de haber consultado a múltiples especialistas y haber realizado numerosos estudios médicos.

París describe que, a menudo, siente que algo grave le está sucediendo a su cuerpo, aunque los médicos le han asegurado que no hay nada anormal en sus estudios. A pesar de estas garantías, continúa sintiendo un malestar significativo y preocupándose de manera constante por su salud. Tiende a revisar en internet los síntomas que padece, lo que aumenta su ansiedad y la convence de que podría tener una enfermedad grave no diagnosticada.

Ha comenzado a visitar al médico de manera semanal, buscando diferentes opiniones, y ha llegado a gastar una gran parte de sus ahorros en pruebas y tratamientos. En su vida diaria, este malestar ha afectado su rendimiento laboral, ya que suele faltar al trabajo por miedo a que sus síntomas se agraven o porque está ocupada con citas médicas.

París también ha expresado que el dolor que siente es real y en ocasiones insoportable, especialmente en los días en que su ansiedad es más intensa. Esto le ha generado un círculo vicioso en el que el dolor aumenta su preocupación, y la preocupación exacerba el dolor.

En términos emocionales, se describe como una persona que vive en constante estado de alerta, pensando en su salud y en lo que podría estar mal. Ha empezado a evitar actividades que antes disfrutaba, como salir con su familia o practicar ejercicio, por miedo a que esto pueda agravar sus síntomas. Su esposo ha notado un cambio significativo en su comportamiento, indicando que París está más irritable, ansiosa y constantemente hablando de sus dolencias.

Diagnóstico: Trastorno de Síntomas Somáticos.

Trastornos del estado de ánimo

La alteración en las emociones es lo que caracteriza a un trastorno del estado de ánimo, para su descripción tenemos los estados depresivos y los maniacos. Aquellos que están más comúnmente involucrados con el trauma son:

- **Trastorno depresivo mayor,** el cual se configura por un estado de ánimo deprimido, persistente (casi todos los días), en donde se presenta pérdida del interés de las actividades cotidianas de la persona, pérdida de peso sin causa justificable, alteraciones del sueño, agitación o retraso psicomotor, fatiga, sentimientos de inutilidad, o culpabilidad excesiva, disminución de la capacidad de razonamiento y concentración, así como la presencia de pensamientos relacionados a la muerte e ideación suicida.

- **Trastorno depresivo** persistente también conocido como distimia, que podemos describirlo como un estado de tristeza profunda durante gran parte del día que se manifiesta por pérdida del apetito, alteraciones del sueño, fatiga, baja autoestima, falta de concentración y sentimientos de desesperanza.

- **Trastorno de desregulación disruptiva del estado de ánimo**, que describe el conflicto en niños

- **Trastorno bipolar I:** requiere un episodio maniaco con presencia o no de un episodio depresivo mayor.

- **Trastorno bipolar II:** para su diagnóstico es necesario un episodio hipomaníaco y un episodio depresivo mayor.

- **Trastorno ciclotímico:** es un estado emotivo variante que oscila entre lo depresivo y lo maniaco, pero sin la gravedad suficiente para configurar un bipolar o el depresivo mayor.

Estado maniaco: periodo de tiempo en el cual una persona experimenta una emotividad exacerbada y un alto nivel de energía, lo podemos identificar por pensamientos de grandiosidad, un alto grado de irritabilidad, aceleración y desorganización en el discurso, sentimientos de grandiosidad, impulsividad, conductas de riesgo (comportamientos sexuales inapropiados o consumo de sustancias psicoactivas) y disminución de la necesidad de sueño. El Estado hipomaniaco tiene la misma sintomatología, pero en grados moderados, es decir, es un poco más funcional que el maniaco.

Para la evaluación específica de un estado depresivo, se puede utilizar una escala breve como el Inventario de Depresión de Beck, la Escala Hospitalaria de Ansiedad y Depresión, así como diseñar un autorregistro adecuado a las necesidades del consultante.

Ya en relación a los síntomas maniacos, el análisis de la conducta es importante para detectar posibles actividades riesgosas derivadas de la necesidad de evitar el contacto con el trauma, es decir, con el sufrimiento, de igual forma, durante la sesión podemos intercalar algunas preguntas como:

1. ¿Cómo describirías tu estado de ánimo en los últimos días o semanas?

2. ¿Te has sentido más feliz o eufórico de lo normal?

3. ¿Has notado un aumento significativo en tus niveles de energía últimamente?

4. ¿Sientes que tienes más energía de lo habitual, incluso con menos sueño?

5. ¿Has estado durmiendo menos de lo normal, pero sin sentirte cansado?

6. ¿Has notado que tienes muchos pensamientos a la vez o que te cuesta concentrarte en una sola cosa?

7. ¿Te has sentido más irritado o fácilmente frustrado recientemente?

8. ¿Cómo reaccionas cuando las cosas no salen como esperabas?

9. ¿Te sientes más confiado o crees que puedes lograr cosas extraordinarias?

10. ¿Has tenido pensamientos de que tienes habilidades o talentos especiales que los demás no reconocen?

11. ¿Has estado hablando más rápido o con más frecuencia de lo habitual?

12. ¿Has notado que otros te dicen que hablas demasiado rápido o que no pueden seguirte en la conversación?

13. ¿Has tomado decisiones impulsivas o arriesgadas últimamente?

14. ¿Has gastado dinero de manera imprudente, tomado riesgos innecesarios o hecho cosas que normalmente no harías?

15. ¿Te has involucrado en más actividades o proyectos de lo habitual?

16. ¿Cómo ha sido tu comportamiento social en los últimos días?

17. ¿Te sientes más sociable o has tenido la necesidad de estar con gente todo el tiempo?

18. ¿Alguien te ha comentado que te comportas de manera diferente o que estás "demasiado" alegre?

19. ¿Has tenido problemas para relajarte o estar tranquilo?

20. ¿Te resulta difícil quedarte quieto o sentirte relajado, incluso cuando intentas descansar?

21. ¿Has tenido pensamientos o comportamientos que podrían ponerte a ti o a otros en riesgo?

22. ¿Crees que este nivel de energía o felicidad es "normal" para ti, o te parece diferente de cómo te sientes normalmente?

Por su parte, la evaluación de la depresión en niños es distinta, ya que procesan las emociones de forma distinta que los adultos, a veces puede resultar complicado detectar un conflicto emocional en ellos, pues la alta activación de su naturaleza infantil oculta la sintomatología, otras veces es muy evidente, así que el terapeuta habrá de comprender en primer lugar los antecedentes de las manifestaciones emocionales del niño o la niña y después compararlo con la exploración de lo siguiente:

1. Cambios en el Estado de Ánimo: el niño puede tener cambios bruscos de humor, puede estar irritable, enojado, o frustrado con mayor frecuencia, pueden presentar astenia (fatiga crónica), apatía, tristeza y/o sensación de aburrimiento.

2. Cambios de comportamiento: agitaciones o inhibición psicomotriz, incapacidad para quedarse quieto o bien, una disminución considerable de su actividad física.

3. Desregulación de hábitos de sueño (hipersomnia o insomnio) y alimentación donde los niños pueden experimentar la perdida del interés por la comida que antes disfrutaban o el aumento de la ingesta alimenticia.

4. Somatizaciones: dolores de cabeza (cefaleas), dolores abdominales, aparición de acné en periodos prematuros.

5. Baja autoestima y sentimientos de culpa: durante la adolescencia es normal un cierto grado de autocrítica, pero se tendrá que cuidar que no llegue a los autorreproches constantes o a la distorsión de la autoimagen del consultante. Por su parte, la culpa inapropiada se caracteriza por sentirla en casos en los que el usuario no tiene control o simplemente que aparezcan por situaciones "mínimas".

6. Problemas cognitivos: falta de concentración, dificultad para tomar decisiones.

7. Comportamiento autodestructivo: pueden aparecer ideas recurrentes de muerte que se identifican principalmente durante el juego o práctica de actividades autolesivas (cutting, quemaduras, mordeduras, etc.).

8. Regresiones: enuresis, encopresis o ansiedad por separación.

9. Dificultades escolares y de relación social: disminución del rendimiento académico, fobia escolar, aislamiento, riñas en la escuela (con alumnos o docentes).

Israel M.: Mar de tristeza

Israel era un niño cuya luz parecía haberse apagado. Día tras día, sus ojos reflejaban una tristeza que no se podía explicar, como si una sombra pesada y silenciosa lo envolviera. Las lágrimas, siempre al borde, rodaban sin motivo aparente, y su risa, antes tan contagiosa, se había desvanecido, dejándolo en un estado constante de melancolía. Ya no encontraba alegría en los juegos que solía amar, ni en las historias que antes lo fascinaban. Su corazón se había vuelto pesado, y en lugar de la risa que alguna vez llenó su hogar, ahora había un silencio sombrío.

Con el paso del tiempo, la tristeza comenzó a transformarse en algo diferente, algo más afilado. Se volvió irritable, reaccionando con enojo ante las cosas más pequeñas. Las rabietas y explosiones de frustración se hicieron frecuentes, desconcertando a sus padres que no comprendían de dónde venía todo ese enojo. Era como si estuviera atrapado en una tormenta interna, incapaz de encontrar la calma.

En la escuela, su rendimiento empezó a declinar. Ya no podía concentrarse en sus tareas; las palabras en la pizarra parecían deslizarse ante sus ojos sin sentido alguno. El desinterés por sus estudios se hizo evidente, y donde antes había entusiasmo, ahora solo había apatía. Las mañanas se convirtieron en batallas para llevarlo a clase, y con el tiempo, empezó a evitar la escuela por completo, como si ese lugar ya no tuviera nada que ofrecerle.

Sus amigos, aquellos con quienes compartía risas y juegos, comenzaron a notar su ausencia. Se retiró de ellos, prefiriendo la soledad de su habitación. No quería estar con nadie, ni siquiera con su familia. La soledad se convirtió en su refugio, aunque no encontraba consuelo en ella.

En su cuerpo también se manifestaron los cambios. A veces, no podía quedarse quieto, como si algo en su interior lo empujara a moverse sin descanso. Otras veces, una profunda fatiga lo invadía, y se movía con una lentitud desesperante, como si cada paso le costara un esfuerzo inmenso.

Era como si el niño que una vez fue, lleno de vida y risas, se hubiera desvanecido, dejando en su lugar a un pequeño perdido en un mar de tristeza, enojo, y desinterés. La casa se sentía más vacía sin su alegría, y aquellos que lo amaban miraban con preocupación, buscando desesperadamente una manera de traerlo de vuelta.

El siguiente esquema describe las características más comunes de la depresión en niñas, niños y adolescentes (Sánchez Mascaraque & Cohen, 2020; Martínez-Martín, 2014).

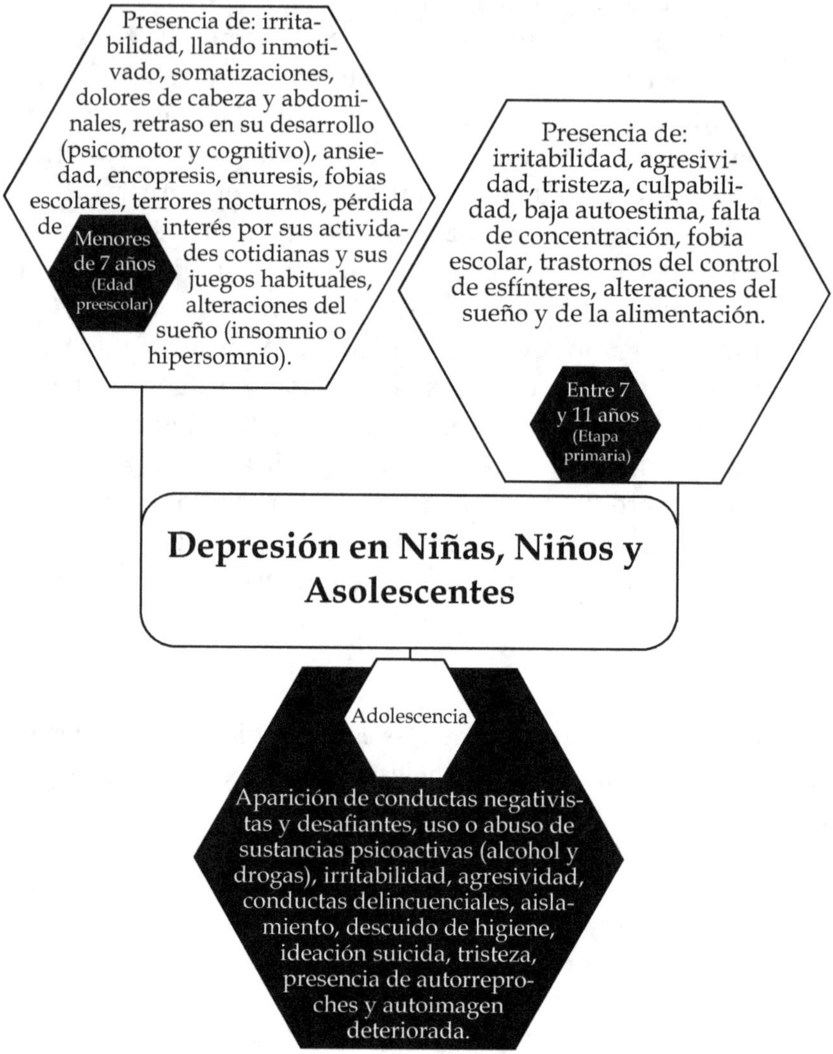

Fuente: Grupo de Trabajo sobre la Depresión Mayor en la Infancia y en la Adolescencia

Trastornos de ansiedad

La ansiedad es un estado de alerta desadaptado que provoca una fenomenología similar al miedo ante eventos que no merecen este tipo de activación. Puede tener niveles funcionales cuando se activan ante situaciones de peligro, pero se vuelve patológica cuando es desproporcionada y demasiado prolongada (Cambra Almerge &Camarillo Gutiérrez, 2015). En general, los trastornos de ansiedad involucran la presencia de preocupación, temor excesivo, sentimientos de miedo, comportamientos de evitación, inquietud, dificultad para relajarse y tensión que provoca malestar en el consultante.

Los trastornos de ansiedad asociados al trauma psíquico son:

- **Trastornos de ansiedad por separación,** que se identifica por el miedo excesivo a separarse de aquellas personas con las que se tiene un vínculo o apego, es inapropiado de acuerdo a la edad del individuo. Se puede presentar en niños, adolescentes o adultos.

- **Mutismo selectivo,** en donde el individuo no puede hablar en situaciones específicas, por ejemplo, cuando está ante un estímulo que evoca el recuerdo del incidente de crisis.

- La **fobia específica** puede aparecer en el desarrollo de un trauma psíquico y se caracteriza por el miedo intenso e "irracional" ante un objeto (animal, sangre, avión, ascensor, tormentas, etc.) o situación específica (sufrir una lesión, alturas, subirse a un automóvil, etc.). En los niños se puede identificar por llanto, rabietas o por quedarse paralizado ante el estímulo.

- **Trastorno de ansiedad social** conocida también como fobia social, se caracteriza por el miedo que provoca ser evaluado por otras personas al entablar conversación, ser observado o presentar algún discurso público. Esta ansiedad provoca que el individuo evite la situación.

- **Trastorno de pánico,** en donde el miedo intenso se exacerba en su punto máximo y de forma imprevista, en cuestión de minutos aparecen síntomas como palpitaciones, sudoración, sensaciones de asfixia, ahogo, náuseas, mareos, escalofríos, entumecimientos, desrealizaciones, así como temor a perder el control o morir y dolores musculares.

- La **agorafobia** se identifica por el temor y evitación de situaciones en las cuales le resultaría difícil escapar o en donde no podría tener ayuda si se presentasen síntomas de ansiedad o pánico, por ejemplo, usar algún medio de transporte (automóvil, avión, barco, etc.), estar en espacios abiertos o en sitios cerrados, estar solo en la calle o encontrarse en medio de una multitud.

- **Trastorno de ansiedad generalizada,** en donde el miedo y la preocupación están presentes a lo largo del día, las actividades diarias se vuelven muy complicadas por la aparición de inquietud, fatiga, dificultades de concentración, irritabilidad y la tensión muscular, además la persona puede presentar dificultades del sueño.

Cabe recalcar que la diferencia entre el trastorno de estrés postraumático y los trastornos de ansiedad es que en el primero existe un evento estresor claramente identificable que configura el diagnóstico, sin embargo, a psicoterapia llegan consultantes con síntomas como los descritos anteriormente y dentro de sus antecedentes está un evento de crisis al cual nunca se le diagnosticó un TEA o un TEPT. Es por ello, que se desarrolla la metodología de la Psicoterapia de Crisis.

Trastornos disociativos

Cuando hablamos de trastornos disociativos tendremos como característica principal una desconexión entre elementos cognitivos como la memoria, la personalidad o la percepción de realidad y el individuo. Después de un evento de crisis es común encontrar en el consultante aspectos desconectados, así es como se configuran los siguientes trastornos:

1. Trastorno de identidad disociativo, también conocida como personalidad múltiple, aquí confluyen dos o más estados de personalidad.

2. Amnesia disociativa: el consultante refiere no recordar información específica e importante de su vida personal que generalmente está asociada a algún trauma o evento estresante.

3. Trastorno de despersonalización/desrealización: la despersonalización se caracteriza por tener experiencias de irrealidad, distanciamiento o de ser un observador externo respecto a las experiencias subjetivas de uno mismo, mientras que la desrealización es en relación a los eventos del entorno, por ejemplo, el consultante puede referir que se sentía dentro de un sueño.

En psicoterapia podremos evaluar la presencia de síntomas disociativos a partir de preguntas como:

1. ¿He experimentado momentos en los que me siento desconectado de mi entorno, como si estuviera observando mi vida desde afuera?

2. ¿He tenido episodios en los que no puedo recordar partes de mi día o eventos importantes?

3. ¿Siento que mi cuerpo o partes de él no me pertenecen, como si estuviera separado de mí mismo?

4. ¿He sentido alguna vez que el tiempo pasa muy rápido o muy lento, de una manera que parece extraña o irreal?

5. ¿Me he encontrado haciendo cosas sin recordar haberlas hecho, como si estuviera en "piloto automático"?

6. ¿He tenido la sensación de estar en un sueño o de que el mundo a mi alrededor no es real?

7. ¿Me cuesta reconocerme en el espejo o he sentido que mi imagen no es la mía?

8. ¿He escuchado voces en mi cabeza que parecen no ser mías, o he tenido pensamientos que no reconozco como propios?

Autorregistro basado en Escala Hospitalaria de Ansiedad y Depresión (Zigmond & Snaith, 1983)

Síntoma	L	M	M	J	V	S	D	Descripción detallada
Me siento tenso o nervioso								
Tengo una sensación de miedo, como si algo horrible me fuera a suceder								
Tengo mi mente llena de preocupaciones								
No tengo interés en mi aspecto personal								
Me siento inquieto, como si no pudiera parar de moverme								
Me asaltan sentimientos repentinos de pánico								
Tengo poco interés en lo que pasa en el mundo y en mi vida								
Siento desesperación								

Trastornos psicóticos

Distintas investigaciones (Castro-Fernández et al.,2015; Ordoñez-Cambor et al., 2014; Varese et al., 2012; Read et al., 2003) han encontrado un vínculo entre síntomas psicóticos (alucinaciones y delirios) y eventos traumáticos, principalmente durante la infancia. Bendall, Jackson, Hulbert y McGorry (2008) encontraron en diversas investigaciones asociaciones entre psicosis y psicotrauma en un 28% y 73%, específicamente con abuso sexual en la infancia en un 13% y 61% mientras que la asociación derivada del abuso físico se presentó en un 10% y 61% (Castro-Fernández et al.,2015).

En el caso de Castro-Fernández et al. (2015), su estudio realizado con 71 pacientes diagnosticados con psicosis encontró que un 49% había sufrido abuso físico, un 46.8% sufrió abuso sexual, un 31.2% tuvo la experiencia de muerte inesperada de un familiar o amigo, un 25% tuvo la experiencia de estar cerca de ahogarse y un 21% tuvo un accidente de coche, tren o avión durante su infancia y que el 80.3% de su población estudiada habían padecido traumas en su edad adulta. Sus resultados también arrojaron que "los sujetos con alucinaciones habían experimentado un número significativamente mayor de experiencias traumáticas en la infancia que los sujetos sin alucinaciones" (p. 100), predominando el abuso físico en ellos.

Lo anterior se ha descrito con la intención de hacer hincapié en la importancia de una adecuada intervención psicoterapéutica después de un evento de crisis, ya que un trauma, como hemos visto, configura una multitud de síntomas y trastornos que van desde sueños recurrentes hasta alucinaciones.

Caso clínico: Aranjuez F.

Edad: 28 años
Estado civil: Soltero
Ocupación: Desempleado
Motivo de consulta: Alucinaciones auditivas y delirios persecutorios con contenido extraterrestre.

Historia Clínica:

Aranjuez F., un hombre de 28 años, es traído a la consulta por su madre, preocupada por el comportamiento cada vez más extraño de su hijo. Según su relato, Aranjuez ha comenzado a hablar sobre la presencia de un "marciano" que se comunica con él de manera regular. Afirma que este ser extraterrestre le ha revelado que él es "el elegido" para una misión especial en la Tierra. Explica que puede escuchar claramente la voz del marciano, que le da instrucciones y le advierte sobre peligros inminentes, particularmente sobre personas que están "en su contra".

Aranjuez ha mostrado un deterioro notable en su funcionamiento cotidiano. Ha dejado de salir de casa, por miedo a que "los enemigos del marciano" lo detecten y lo ataquen. Pasa la mayor parte de su tiempo encerrado en su habitación, hablando solo y respondiendo a estímulos que nadie más percibe. Ha comenzado a distanciarse de sus amigos y familiares, creyendo que ellos también podrían estar en contra de su misión.

En su historial, se destacan antecedentes de un abuso sexual por parte de su tía materna cuando tenía 11 años. Este evento traumático no fue abordado terapéuticamente en su momento, y desde entonces, Aranjuez ha tenido dificultades para establecer relaciones de confianza, especialmente con mujeres. A lo largo de su adolescencia, experimentó episodios de ansiedad y depresión, aunque nunca buscó ayuda profesional.

En los últimos meses, los síntomas psicóticos se han vuelto más pronunciados, con Aranjuez mostrando cada vez más signos de desorganización del pensamiento, como saltar de un tema a otro de manera incoherente y tener dificultades para seguir una conversación. También ha empezado a mostrar una marcada desconfianza hacia cualquier tratamiento médico, creyendo que los médicos forman parte de la conspiración que busca impedir su misión.

Diagnóstico clínico: Trastorno Psicótico con síntomas de tipo esquizofrénico, posiblemente desencadenado o exacerbado por el trauma infantil no resuelto.

Diagnóstico psicoanalítico: En casos de trauma infantil, como el abuso sexual que sufrió Aranjuez, el Yo puede quedar debilitado, ya que debe lidiar con intensos sentimientos de vergüenza, culpa, y miedo, que provienen tanto del trauma como de la respuesta del Superyó.

El "marciano" que le habla a Aranjuez y lo designa como "el elegido" puede interpretarse como una figura protectora creada por su mente para otorgarle un sentido de valía y propósito que su Yo debilitado no puede generar por sí mismo. Este ente extraterrestre cumple una función similar a la del Superyó, pero en lugar de criticar, lo alaba y lo valoriza, satisfaciendo una profunda necesidad de reconocimiento y seguridad que no puede encontrar en su entorno real.

El delirio de ser "el elegido" por un ente extraterrestre puede ser visto como un mecanismo de defensa psíquica, específicamente, una forma de identificación proyectiva o formación reactiva. A través de este delirio, Aranjuez transforma sus sentimientos de insignificancia, desvalorización y vulnerabilidad en una creencia grandiosa en su propia importancia y poder.

Esto le permite evitar enfrentarse a la realidad dolorosa de su situación, donde su Yo se siente pequeño, dañado e incapaz de conectar emocionalmente con otros. El hecho de que este ente sea "extraterrestre" sugiere una desconexión total con la realidad cotidiana y las relaciones humanas, apuntando a una alienación profunda.

El trauma infantil, especialmente el abuso sexual, puede haber afectado gravemente la capacidad de Aranjuez para confiar en los demás y formar relaciones sanas. Desde una perspectiva psicoanalítica, la tía que abusó de él puede haber sido una figura ambivalente, combinando afecto y agresión, lo que habría dejado a Aranjuez con una profunda desconfianza hacia las relaciones íntimas. Esta ambivalencia se refleja en su incapacidad de formar vínculos seguros en la adultez.

El aislamiento social que experimenta Aranjuez puede ser una expresión de fobia al vínculo o miedo a la intimidad. Al crear un "marciano" que lo valora, Aranjuez está evitando la vulnerabilidad que surge en las relaciones humanas reales, donde las personas pueden herirlo o decepcionarlo. Este ente extraterrestre no representa una amenaza de traición o abandono, y al mismo tiempo, le da a Aranjuez un sentido de conexión y propósito que no puede encontrar en su vida social.

Desde un enfoque psicoanalítico, el delirio de Aranjuez es un intento de su psique por reparar y proteger un Yo fragmentado y debilitado por el trauma infantil. La figura del "marciano" le proporciona una fuente externa de validación y seguridad, compensando su profunda inseguridad y su incapacidad para establecer relaciones sociales significativas. Este mecanismo defensivo, aunque disfuncional, permite a Aranjuez evitar el dolor asociado con sus experiencias pasadas y su desconexión social, a costa de un distanciamiento mayor de la realidad y de las relaciones humanas.

Tratamiento:

La intervención necesariamente tendrá que ser de naturaleza multidisciplinaria trabajando desde la medicación antipsicótica, terapia cognitivo-conductual para los delirios y las alucinaciones, terapia familiar para la reestructuración de retroalimentaciones negativas, así como intervención en crisis para tener habilidades de afrontamiento de la etapa activa de los síntomas.

Conclusión

El trauma puede desencadenar múltiples trastornos y dificultades a distintos niveles, evaluar a detalle el caso clínico nos permitirá entender el síntoma no desde el punto de vista estadístico, sino dentro de la subjetividad del individuo y eso garantizará, que desarrollemos estrategias más certeras que den en el punto clave del conflicto. En la siguiente sección, revisaremos distintos modelos que se han creado para lo que llamamos en este texto, la segunda escalada de intervención en psicoterapia de crisis, es decir, los modelos de intervención en crisis.

INTERVENCIÓN EN CRISIS

Durante el periodo de crisis, el individuo necesita recuperar recursos con los cuales devolver su mente y su cuerpo a un estado de equilibrio. Habrá que recordar que las crisis son oportunidades de crecimiento, que, viéndolo desde el punto de vista individual, puede llegar a aterrizar al disfrute de una nueva etapa del ciclo evolutivo, ya desde el punto de vista familiar, es la oportunidad de sortear una escapada evolutiva y caer en una nueva homeostasis más funcional y fructífera para el desarrollo humano.

La tarea del terapeuta es apoyar a los individuos en el periodo de transición, contemplando que uno de los objetivos es pasar de una sensación de víctima a una de empoderamiento, en cualquiera de las situaciones complicadas.

Desde los enfoques terapéuticos base, solicitar al consultante que cuente la historia del evento de forma traumática es importante, aunque si se está trabajando con herramientas de programación neurolingüística, esto pierde relevancia o al menos, no es indispensable.

Si lo que se busca es desarrollar o potencializar mecanismos de resiliencia, entonces valdría la pena tocar con el evento, así se procura que los recursos se reactiven en el usuario, sin embargo, habrá que contemplar que los síntomas muchas veces resultan incómodos y limitantes, por ellos se puede considerar también trabajo con submodalidades o incluso con anclajes para un alivio más rápido. Todo dependerá de las necesidades del consultante, habrá que preguntar.

De lo anterior, cabe recalcar que establecer firmemente un enfoque sin permitir retroalimentación de otros, otorgará una buena base para sus procedimientos terapéuticos, pero limitará su creatividad al momento de intervenir, la gran variabilidad de personalidades, la

divergencia en los patrones de conducta y por supuesto, las diferencias en las manifestaciones de la crisis provoca que el asesor, terapeuta u orientador tenga la necesidad de conocer distintas metodologías y marcos teóricos para tener un abanico lo suficientemente amplio para evitar el encasillamiento procedimental.

Así, podremos hablar que permitir algunos mecanismos de defensa, como la racionalización o sublimación es algo relajante para el usuario en los inicios del proceso, siempre y cuando no lleguen a lo patológico o a representar otros riesgos a su integridad y su vida o para aquellas personas que les rodean, dependerá de igual forma de la cualidad del mecanismo y de su intensidad, por ejemplo, se debería trabajar inmediatamente la manifestación de una formación reactiva que exponga al consultante a situaciones que puedan volverlo a victimizar en casos de abuso sexual o violación.

También podremos entender que el sistema es el que incentiva la crisis, que el miembro sobre quien recae el síntoma es resultado de la danza infinita que se gesta en el núcleo de las distintas tríadas y que la comunicación cumple un papel fundamental, toda vez que es nuestro sistema simbólico más complejo.

Por lo tanto, este capítulo busca que el lector conozca los distintos enfoques de intervención sobre la crisis para dotarlo de herramientas de aplicación en la búsqueda de la resignificación del evento desastroso o victimizante, pero a su vez, también busca motivar al asesor de crisis a seguir aprendiendo, diversificando y sobre todo, innovando con fundamento en lo que se establece en la teoría y en las particularidades que el consultante refiere, lo cual resulta más relevante incluso, que la estadística.

Modelo de respuesta ante la crisis

Las respuestas que una persona desencadena ante una crisis están relacionadas a sus estrategias de afrontamiento, las cuales son entendidas como "recursos psicológicos que el sujeto pone en marcha para hacer frente a situaciones estresantes" (Amarís Macías & otros, 2013, p. 125), los cuales pueden aparecer tanto en lo individual como en lo familiar y lo social.

Las **estrategias en lo individual** variarán de acuerdo a la edad del individuo, a sus características de personalidad, a su historia de vida (si está cargada o no de elementos estresantes), incluso, a las pautas de comportamiento sociales a las que está acostumbrado. En esta línea tenemos dos posturas antes el estresor: la acción directa y la acción paliativa.

La **acción directa** se identifica por la reacción conductual ante el estímulo o en el caso de las crisis, ente el evento, por ejemplo, ante la desaparición forzada de un familiar, el individuo puede comenzar su propia investigación, coadyuvar con las instituciones o bien, unirse a los grupos de voluntariado para encontrar a su familiar o de otras personas.

La **acción paliativa**, podría confundirse con una omisión, pero en realidad no lo es, porque en ella, el individuo actúa para reducir su estrés, sin embargo, lo hace no confrontando directamente la situación, en el ejemplo anterior, la persona podría reducir su estrés imaginando que su familiar está en un lugar mejor, o escapo para ser más feliz en otro lado, etc., lo cual genera una sensación de alivio o tranquilidad.

Según Carr (2007, citado por Amarís Macías & otros, 2013) las respuestas a estresores se pueden englobar en tres categorías:

1) Centradas en el problema.
2) Centradas en las emociones.
3) Basadas en la evitación.

Así, podemos establecer la siguiente tabla con sus estrategias correspondientes:

Estrategias de afrontamiento ante estresores (Basado en Carr, 2007)		
Centradas en el problema	**Centradas en la emoción**	**Basadas en evitación**
- Reevaluación cognitiva - Búsqueda de apoyo social - Afrontamiento orientado a la tarea - Planificación en la resolución de problemas - Autocontrol - Análisis lógico del conflicto - Afrontamiento activo - Búsqueda de apoyo profesional - Desarrollo de independencia y optimismo.	- Regulación emocional - Somatización - Búsqueda de apoyo emocional - Racionalización - Replanteamiento positivo - Descarga emocional - Aceptación - Uso de la religión - Uso del humor - Uso de técnicas de liberación emocional - Negación - Desarrollo de amistades íntimas - Búsqueda de sostén espiritual.	- Uso de distractores - Negación - Ocultar lo presente, vivir en el pasado - Evitación y distanciamiento - Minimización - Consumo de fármacos - Consumo de drogas legales e ilegales - Volcarse en una actividad exigente - Desconexión mental y conductual - Diversión social - Búsqueda de recompensas alternativas.

Aquellas que están basadas en el problema se ejecutan de tal forma que moldean en algún sentido el ambiente para desencadenar una respuesta directa sobre el evento, aunque también podemos enmarcar aquellas respuestas que desde un punto de vista pasivo actúan mentalmente sobre el estresor para disminuir la tensión.

Las centradas en las emociones son las que actúan sobre la emoción generada por el evento, ya sea de forma positiva o negativa, por ejemplo, la racionalización es, por decirlo de algún modo, un encapsulamiento de la emoción, la somatización por su parte es la desviación emotiva hacia el cuerpo, lo cual puede desencadenar múltiples problemas tales como acné, hinchazones, dolores musculares y hasta enfermedades más complejas.

Cuando la respuesta se basa en la evitación, tiene como característica principal la omisión desde cualquier punto y bajo cualquier intensidad de aquello que desencadena estrés, tenemos así minimizaciones, que sería la intensidad más baja, hasta la negación total del evento, el consumo de drogas lo podemos plantear aquí ya que con ello el individuo busca adormecer o desviar la atención con un elemento externo y por supuesto, peligroso.

Ahora, también tenemos estrategias familiares que buscan reducir la tensión derivada de un evento difícil o catastrófico, las cuales pueden variar con el transcurso del tiempo a partir de la naturaleza del evento, de la acumulación con otros estresores y del propio desarrollo evolutivo de la familia, por ejemplo, no es lo mismo una crisis en la etapa de la pareja joven donde todavía no hay hijos a una en donde se combinan la adolescencia de los hijos con la andropausia y la menopausia de los padres.

La forma mediante la cual la familia resolverá una crisis estará influida por el propio funcionamiento sistémico dentro de ella, el Modelo de Resistencia de Ajuste Familiar y Adaptación (McCubbin et al., 1996) nos menciona que los mecanismos pueden ser de dos tipos: de resistencia o de adaptación. Cuando la familia se resiste, utiliza todas las estrategias a su alcance para minimizar el impacto del elemento estresór, pero cuando se adapta, los esfuerzos están encaminados a la reorganización y consolidación a fin de recuperarse del desorden creado por la crisis (Amarís Macías et al., 2013).

Lo anterior es similar a lo expuesto en los modelos sistémicos cuando hace referencia a las pautas de retroalimentación positiva y negativa, la primera propicia la innovación, es característico de los sistemas abiertos en donde la estructura se adapta a las demandas del exterior, mientras que la negativa procura mantener el estado "cotidiano" de las cosas, evita lo nuevo por el temor a la desintegración familiar y a pesar de vivir en una homeostasis enfermiza, no se reestructura.

El último modelo de respuesta familiar ante la crisis que mencionaremos será el **Modelo Doble ABCX**, originalmente propuesto por el sociólogo Reuben Hill (1949), pero reformulado por McCubbin y Patterson en 1983.

Según lo propuesto originalmente por Hill, podemos estudiar cómo las familias se adaptan a situaciones de crisis a partir del análisis de factores que influyen en la respuesta a los estresores y en su capacidad de manejarlo de forma efectiva.

Los cuatro componentes son:

1.A, que equivale al evento estresor que la familia enfrenta y puede ser tan variado como la perdida de un empleo, una enfermedad grave, la muerte de un ser querido, etc., sin embargo, habrá que entender que el evento puede ser negativo o bien, positivo, pero implica un cambio drástico que requiere activar los mecanismos de adaptación familiares.

2. B se refiere a los recursos disponibles en la familia para hacerle frente al estresor, pueden ser de naturaleza externa (apoyo social, recursos económicos) o interna (cohesión familiar, resiliencia, etc.).

3. La variable C representa la percepción o interpretación que la familia le da al evento de crisis, aquí se engloban las creencias, actitudes y significados previos de eventos similares. La percepción que se tiene de la situación influirá directamente sobre la resolución del mismo, si se percibe como insuperable, costará mucho recurso manejarlo, por el contrario, si se percibe como un reto que hay que sortear, la familia superará con mayor facilidad y eficiencia el conflicto e incluso, será más fácil identificar los aprendizajes derivados.

4. X representa el resultado final o la crisis que se experimenta, el cual depende de la interacción entre el estresor (variable A), los recursos disponibles (B) y su percepción (C). Si la combinación de las variables es favorable, la familia puede incluso evitar la crisis o bien, manejarla y resolverla de forma más efectiva, sin embargo, si la combinación resulta disfuncional, el problema no solo puede no resolverse, sino agravarse.

El siguiente ejemplo puede servir para clarificar mejor el modelo:

A. Una familia pierde su casa, derivado de un terremoto sucedido en su ciudad.

B. La familia tiene una casa adicional, además los padres tienen un buen trabajo bien remunerado y familiares que les han evocado su apoyo.

C. La familia percibe el evento de crisis como un desafío temporal, que requerirá nuevas rutinas y un acortamiento de gastos, sin embargo, entienden que será pasajero.

X. El sostén de sus redes de apoyo, sus recursos económicos y su capacidad de enfrentar retos permite que la familia no entre en una crisis profunda, la sintomatología de crisis se basa en sentimientos de tristeza y nostalgia que cesan cuando se expresan cariño mutuamente.

La situación hipotética sería completamente distinta si no existiera una red de apoyo que sostenga emocionalmente, que tengan únicamente una casa y que además existan conflictos internos que resulten en afrentas y discordias. En este supuesto, la variable X sería más conflictiva, representando una crisis profunda y difícil de resolver.

Ahora, la reformulación que McCubbin y Patterson realizaron al modelo de Hill podemos analizarla en las palabras que Gabriela Calle González y Mariantonia Lemos (2018) escriben al respecto:

"El modelo [ABCX] explica que existe un evento estresante (factor aA), apoyos sociales (formales e informales) definidos como el factor bB, y un factor cC que representa la percepción del problema y de la situación, las estrategias de afrontamiento (factor BC) se propusieron para representar la suma entre los recursos o apoyos (bB) y las percepciones (cC). Hill (1949) afirmaba que la suma de estos factores generaba una crisis familiar (factor X); sin embargo, años después McCubbin y Patterson (1983) lo reformulan y afirman que más que crisis se trata de una adaptación, reflejando el continuo de los esfuerzos que la familia realiza para obtener un equilibrio individual y familiar. Para diferenciarlo del modelo anterior transforman la crisis por el factor xX" (p. 24)

Es decir, la nueva variable "aA" representa no solo el evento estresor original, sino también todos aquellos derivados que se van acumulando y que exacerban el conflicto, por ejemplo, en el caos hipotético, el dormir en albergues, no tener dinero para comprar comida, quizá las heridas derivadas del derrumbamiento del inmueble, etc.

De igual forma, los recursos se identifican con "bB" porque se agregan todos aquellos que se van generando en el transcurrir de los conflictos que se van acumulando, es decir, si antes la familia no tenía capacidad de integración, los conflictos acumulados provocan que comiencen a generar una cohesión más sólida, en donde el apoyo y sostén emocional aparecen, así ese recurso generado, disminuye, en alguna medida, la tensión de los distintos estresores.

Como se podrá imaginar, si la familia no tiene la capacidad de generar recursos, los problemas acumulados irán duplicándose gradualmente, haciendo que la perspectiva de solución se aleje cada vez más de ella.

En relación a la percepción "cC" del evento estresor, se incluye ahora, la percepción acumulada de los estresores y su capacidad para manejarlos a lo largo del tiempo. Incluye entonces, los cambios en la percepción a medida que la situación se desarrolla.

Por último, según lo establecido por McCubbin y Petterson, la variable "xX" representa la forma en la cual las familias se van adaptando a las situaciones a lo largo del tiempo, ya sea positivamente o negativamente, y así los autores cambian la mirada de un resultado único llamado crisis a la de un proceso familiar de adaptación continuo y dinámico, en el cual, las respuestas a los estresores van cambiando.

En conclusión, en el estudio de Calle González y Lemos (2018), se evalúa el modelo en los casos de dos madres de niños diagnosticados con trastorno del espectro autista (TEA) en Medellín, Colombia, describiendo en sus conclusiones la gran funcionalidad del modelo para la exploración de las estrategias de afrontamiento familiar y escribiendo también la validación que el ABCX ha tenido en España (Pozo, 2010) y México (Vera, Barrientos, Hurtado y Coyotzi, 2010).

Desarrollo psicosocial (Modelo Eriksoniano de Crisis Evolutivas, MECI)

Propiamente dicho, Erikson no estableció un modelo enfocándose en las crisis derivadas de las etapas evolutivas, sino más bien en las tareas que debemos realizar en cada una de ellas, sin embargo, para facilitar su encuadre dentro del presente trabajo, a partir de este momento le denominaremos Modelo Eriksoniano de Crisis Evolutivas, contemplando que cada etapa del desarrollo es una bomba en potencia que puede estallar, desencadenando conflictos a distintos niveles.

En cada uno de los estadios eriksonianos, las cualidades sintónicas y distónicas se hacen presente, la primera hace referencia a las virtudes y potencialidades, las fuerzas distónicas, por su parte, a los defectos o vulnerabilidades del individuo (Bordignon, 2005), a lo largo del desarrollo humano, vamos contrarrestando una fuerza con otra, lo funcional sería que al final de la etapa la fuerza más poderosa sea la sintónica, pero cuando esto no sucede, alcanzar los objetivos de la siguiente etapa o incluso, pasar a ella se vuelve más complicado.

Los estadios que Erikson conceptualizó en obras como *Infancia y Juventud (1971)*, *Identidad, Juventud y Crisis (1987)* y *El ciclo completo de la vida (1998)* son las siguientes, contemplando que las edades son solo referencias:

I. Confianza vs desconfianza: es la etapa inicial, corresponde desde el nacimiento hasta los 12 o 18 meses, idealmente en esta etapa se establece un sentido de confianza básica que exige una sensación de comodidad física derivada del cuidado y la atención a sus necesidades por parte de sus cuidadores principales. De suceder lo contrario, la desconfianza desencadenará sentimientos de temor por el futuro, aunque si la confianza se sobrepone, el niño estará dispuesto a afrontar nuevas situaciones y a integrarlas a su experiencia, reforzándola.

II. Autonomía vs vergüenza y duda: el niño comienza a tener más control sobre su cuerpo y así, descubre que sus movimientos son resultado de su voluntad, pero aparecen las dudas de su capacidad y si no tiene la suficiente confianza, difícilmente ejercitará su iniciativa para explorar el mundo por su propia cuenta. Es importante que el niño incorpore "la experiencia de la frustración como una realidad de su vida, y concebirla como un aspecto natural de los hechos concretos, más que como una amenaza total a su propia existencia" (Maier, 1984, p. 49). Los padres también necesitan soltar gradualmente a su hijo, otorgarle la posibilidad de arriesgarse, lo cual resulta indispensable para la integración de recursos derivados de una crisis.

III. Iniciativa vs culpa y miedo: etapa que se desenvuelve entre los 3 y los 5 años. Después de haber adquirido cierto grado de autonomía y voluntad en sus actividades, al niño se le abre un mundo de aprendizaje, las relaciones sociales comienzan a fluir por el inicio de la etapa escolar y la personalidad comienza a dar sus primeras luces de consolidación. En ese interés por explorar, al niño se le puede presentar sentimientos limitativos por un pensamiento de que "ha explorado mucho" y se ha alejado del control de sus padres.

IV. Industria vs inferioridad: al haber adquirido tanto conocimiento como pudo en la etapa anterior, el individuo entre los 7 y los 11 años tiene que utilizar su energía para aprovechar toda esa información, pero aparecen los sentimientos de inferioridad al darse cuenta de que todavía es un niño, es por ello que comienza a tener preferencia por otros congéneres de su misma edad, aunque su interacción con los adultos tiende a ser más igualitaria. Al final de esta etapa, la socialización se potencializa y da lugar a mayores y más profundas interacciones con vecinos, sus amigos y sus padres, así como con las distintas agrupaciones de su entorno. El juego comienza a desplazarse para comprender que está ejerciendo poco a poco su sentido de realidad.

V. Identidad vs confusión de roles: el individuo tuvo que encontrar pautas para vencer su sentimiento de inferioridad en la etapa anterior, pues en esta corresponde responder a la pregunta ¿Quién soy? Solo así podrá tomar decisiones adecuadas a su vida, como la elección de carrera o incluso, sus parejas sentimentales. En este periodo, el ser humano escucha con atención los llamados sexuales, que ahora, tanto su sociedad como él mismo, los valora como normales, pero los controles normativos que aprendió durante su niñez, le ayudarán a mantener en equilibrio los impulsos, lo cual creará tensión en la psiqué del adolescente. Henry Maier (1984) expresa al respecto:

> "En este período de su vida, el joven integra todas las identificaciones anteriores. La integración gradual pero completa de las mismas abarca la identidad del yo. El Joven asume entonces con fidelidad su nueva posición como persona que se halla definitivamente ubicada en los planos psicosocial, económico y cultural. Percibe la promesa de un futuro más amplio con la ayuda de una identidad más universal" (p. 68)".

Entre los 12 y los 20 años, el individuo se va integrando poco a poco a la vida adulta, va realizando combinaciones de identidad en las siguientes dimensiones; manejo del tiempo, autoconciencia de su identidad, elecciones de identidad negativa o positiva, previsión del logro de objetivos, identidad sexual, liderazgo y acatamiento, elección de filosofía, ideales y religión.

VI. Intimidad vs aislamiento: ya que ha establecido su identidad, al individuo le resultará sencillo profundizar en las relaciones sin perder sus límites. A su vez, pone en práctica lo aprendido en las etapas anteriores pues en capaz de percibir confianza en sus relaciones personales, de expresar emociones a su voluntad, de ser diligente al momento de nutrir dichas relaciones y sobre todo, de no perderse en el intento de ser agradable al otro. Este estadio sucede entre los 20 y los 30 años.

VII. Generatividad vs estancamiento: a partir de los 30 años, la atención se centra en el cuidado, formación y educación de las nuevas generaciones, así como en la producción de nuevas evidencias de su vida profesional y laboral. "El estancamiento representa una regresión psicosocial y la necesidad obsesiva de pseudo-intimidad, acompañada de sentimientos de infecundidad personal y social, sentimiento percibido en la incapacidad de generar, de producir y de criar" (Bordignon, 2006, p. 57)

VIII. Integridad vs desesperación: después de haber sorteado todos los obstáculos evolutivos, incluyendo el interés por una educación sólida de sus hijos, el individuo se percibe fuerte, integro y listo para trascender. Los asuntos inconclusos son los que nos otorgan el sentimiento de miedo ante la muerte, si tambaleamos será difícil empuñar la espada ante ella y solo si estamos serenos en nuestros últimos días, lograremos otorgar a nuestros descendientes la tranquilidad ante nuestra partida.

De lo anterior, es importante recalcar que, a lo largo de nuestro ciclo evolutivo, vamos absorbiendo recursos que nos sirven de combate ante los elementos negativos propios de cada etapa, cuando en alguna de ellas, no se haya alcanzado por completo el objetivo, iremos acarreando pendientes y gastaremos más energía de la cuenta. El trabajo terapéutico entonces, se centra en completar los ciclos a partir de la absorción de los recursos necesarios para ello, y así, el consultante estará listo para enfrentar el nuevo desafío y a su vez, disfrutar plenamente el estadio en el que se encuentra.

Modelo de intervención basado en resiliencia

El modelo desarrollado por Lourdes María Fernández Márquez (2010) describe las cuatro fases de reacción ante el estrés:

1. Fase aguda: inicia inmediatamente después del evento de crisis, el individuo está cargado de tensión física y mental.

2. Fase de reacción: disminuye la tensión y la sintomatología de crisis aparece intermitentemente, pero con gran intensidad. Dura de una a seis semanas.

3. Fase de reparación: la sintomatología continúa apareciendo en ciertos momentos, aunque con menor intensidad. Es común que se intensifique ante la presencia de hechos que evoquen el evento. Dura de uno a seis meses.

4. Fase de reorientación: el evento se integra y la sintomatología se reduce al mínimo. Es común la readaptación del individuo a su vida cotidiana. El tiempo promedio es de seis meses en adelante.

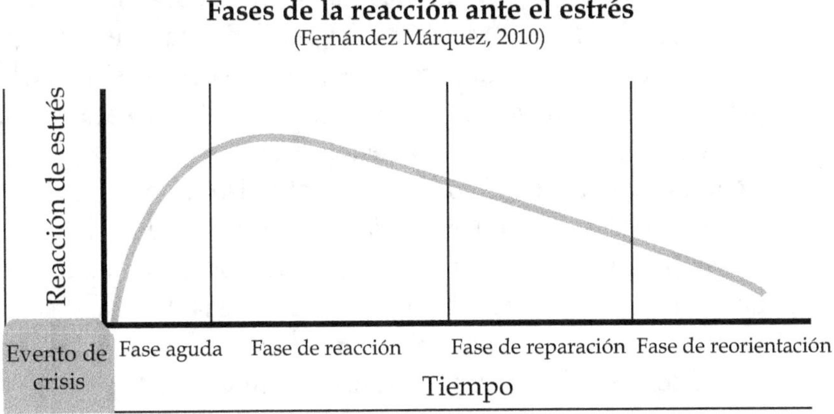

Fases de la reacción ante el estrés
(Fernández Márquez, 2010)

Durante la intervención, la autora propone entender tres elementos: las **variables personales** anteriores (edad, historia de aprendizaje, nivel socioeconómico, estilo de vida, sensación subjetiva de capacidad de afrontamiento, patologías previas, disponibilidad, entre otras características), las **variables de situación** (propias del evento de crisis como su magnitud o el grado de exposición) y las **consecuencias**, que se refiere a aquellos significados que le da a sus pérdidas, la importancia subjetiva del evento así como la sintomatología presente.

En relación a la resiliencia, Fernández Márquez expone tres componentes fundamentales de una persona resiliente: Compromiso, Control y Cambio (p. 14).

- **Compromiso:** las personas resilientes están profundamente comprometidas con sus objetivos, valores y relaciones. Mantienen un sentido de propósito en todo lo que hacen, lo que les permite superar desafíos con determinación y alcanzar objetivos con mayor eficiencia. Este compromiso les da la motivación necesaria para enfrentar dificultades sin rendirse fácilmente.

- **Sensación de control:** Las personas resilientes sienten que tienen el control sobre su vida, incluso en situaciones adversas. Esta sensación no significa que puedan controlar todo lo que sucede, sino que creen en su capacidad para influir en sus respuestas y en cómo manejan los problemas. Mantienen una perspectiva optimista, confiando en su habilidad para tomar decisiones efectivas y adaptarse a los cambios.

- **Capacidad de cambio:** La adaptabilidad es crucial en la resiliencia. Las personas resilientes son flexibles y abiertas al cambio, aceptando que las circunstancias pueden variar y que necesitan ajustar sus enfoques. En lugar de resistirse al cambio, lo ven como una oportunidad para aprender y crecer, lo que les permite enfrentar la incertidumbre con confianza y creatividad, lo que Cattell en su teoría de los rasgos de personalidad definió como apertura a la experiencia.

La autora contempla en su proceso terapéutico el objetivo de reforzar sus fortalezas personales para generar o devolver la sensación de competencia, así como integrar la experiencia a su propia historia, disminuyendo a su vez la sintomatología que le produce malestar.

Para cumplir su objetivo, la metodología incluye: psicoeducación, técnicas de relajación y respiración, estrategias conductuales, técnicas cognitivo-conductuales, así como la atención al duelo desde el trabajo de William Worden.

Intervención basado en resiliencia
(Fernández Márquez, 2010)

Relajación y respiración
Respiración diafragmática
Relajación progresiva de Jacobson
Entrenamiento autógeno de
Schultz
Ventilación emocional
Mindfulness
Meditación

Psicoeducación
Normalización de síntomas
Pautas para la vida diaria
Aceptación de lo sucedido
Higiene del sueño

Estrategias conductuales
Desensibilización sistemática
Exposición
Prevención de la respuesta
Análisis de la conducta

Técnicas Cognitivo-Conductuales
Reestructuración cognitiva
Intención paradójica
Cambio de roles y perspectiva
Actividades distractoras
Pensamiento alternativo
Inoculación de estrés

Intervención en duelo
Modelo de William Worden:
1. Aceptación de la realidad la pérdida
2. Trabajo emocional
3. Adaptación a la ausencia
4. Recolocación emocional del fallecido y
continuar viviendo.

La valoración de los progresos en este modelo es algo continuo, en cada sesión se indaga sobre las variaciones en la sintomatología, la sensación de mejoría y las acciones que el consultante ha ejecutado (derivado del trabajo clínico) con el objetivo de manejar o disminuir su malestar psicológico.

Al finalizar todo el proceso se tendrá que realizar una evaluación completa de las áreas de vida del paciente, si los síntomas se han reducido o en el mejor de los casos, se han eliminado, se procederá a darle de alta. De igual forma "Se tendrán en cuenta las posibles situaciones estresantes que puedan ser previsibles en las siguientes semanas… [y] Advertiremos a la persona de la posibilidad de recidivas y de las pautas a seguir" (p. 32). Por último, se acordarán las sesiones subsecuentes de seguimiento.

Terapia multimodal para crisis

El texto *Intervención en crisis. Manual para práctica e investigación* de Karl A. Slaikeu (2000) contiene múltiples ideas que nos otorgan grandes ventajas al momento de comprender los orígenes de las crisis, así como en el desarrollo de estrategias. La llamada terapia multimodal para crisis utiliza la valoración CASIC para entender la realidad, de igual forma, utiliza el termino *incidente de crisis* para referirse a lo que este texto ha llamado evento de crisis, aunque plantea únicamente dos niveles de intervención, el primer nivel son los Primeros Auxilios Psicológicos y el segundo, la terapia de crisis sustentada en lo multimodal de Arnold A. Lazarus, que involucra un trabajo especializado y más duradero.

Desde la mirada de Slaikeu, los PAP´s son lo que se pueden desarrollar por cualquier profesional involucrado, mientras que la terapia multimodal únicamente los profesionales de la salud. Este criterio fue complementado en el presente texto con la escalada de intervención toda vez que las demandas actuales del mundo requieren otro tipo de manipulación de los eventos de crisis.

El primer punto de la estructura Slaikeu de intervención es la **evaluación**, que implica entender los datos en referencia a:

1. El incidente precipitante: responde a las preguntas ¿qué pasó? ¿cómo fue la participación del consultante? ¿qué perdidas tuvo? ¿de qué forma tomo el consultante el incidente?

2. Presentación del problema: entender la sintomatología y establecer los objetivos del proceso.

3. Entorno de crisis: se evalúa la forma en que el incidente de crisis afecto en la esfera familiar y en los grupos sociales inmediatos como el trabajo o amigos. También hay que evaluar si esa crisis afectó individualmente o fue parte de un evento que involucró a más personas.

4. Funcionamiento CASIC previo a la crisis: es relevante analizar la vida antes del incidente a fin de comprender el grado de afectación y los recursos que el consultante tiene para hacerle frente. Se describen los antecedentes de las etapas de vida previas (infancia, adolescencia, juventud, etc.) así como los eventos adversos con sus formas de resolución.

5. Funcionamiento CASIC durante la crisis: se determina el impacto que el incidente ha dejado en las áreas Conductual, Afectiva, Somática, Interpersonal y Cognoscitiva.

El clínico podrá desarrollar el cuestionario de acuerdo a las características del consultante o bien, utilizar los formatos de evaluación revisados anteriormente y partir de ahí para un análisis más profundo.

Previo a la intervención, Karl Slaikeu explica los elementos esenciales necesarios para que una etapa del desarrollo humano no se vuelva una crisis: habilidades, conocimientos, disposición al riesgo, recursos materiales y apoyos sociales. Por ejemplo, en el caso de la andropausia, para evitar que el hombre lo contemple como un evento desastroso y la entienda mejor como una etapa de gestión, tendría que tener las siguientes características:

- **Habilidades:** regulación emocional, análisis de problemas, buena autoestima y autoconfianza.

- **Conocimientos:** entender lo que sucede a nivel corporal, estrategias para disminuir la caída de andrógenos en su cuerpo y hábitos de salud física.

- **Disposición al riesgo:** tener apertura a la experiencia para nuevas actividades a nuevos niveles de energía, asimilar su etapa como una oportunidad para descubrir actividades distintas.

- **Recursos materiales:** elementos físicos necesarios para afrontar el evento.

- **Apoyos sociales:** pareja, hijos, amigos íntimos e incluso compañeros de trabajo que incentiven actividades acordes a la nueva etapa y que otorguen una sensación de apoyo al individuo.

Una parte de la intervención involucra desarrollar estos elementos para incrementar la sensación de control sobre los incidentes, circunstanciales y del desarrollo. Recordemos que la mejor intervención es la prevención, quienes estemos en programas de difusión de salud mental podremos enfocarnos en estos elementos para mejorar mecanismos de acción comunitaria y mejorar nuestra sociedad.

Ya en el ámbito particular, la terapia multimodal involucra cuatro tareas para la resolución de la crisis:

1. Supervivencia física en las secuelas de la crisis
2. Expresión de los sentimientos relacionados con la crisis
3. Dominio cognoscitivo de la experiencia completa
4. Los ajustes conductuales/interpersonales que se requieren para la vida futura (Slaikeu, 2000, p. 177)

La supervivencia física tarea hace referencia a todas las actividades que hemos analizado en relación a los primeros auxilios psicológicos, aunque enmarcados dentro de un proceso más complejo, quizá el consultante tuvo el incidente hace 24 horas y no ha tenido la oportunidad de verificar su estado de hidratación, alimentación, sueño y en algunos casos, si ha tenido consulta médica, por ejemplo, en los casos de accidentes automovilísticos. Así, en el consultorio nos aseguramos que esté físicamente a salvo y en caso contrario, recomendar las acciones necesarias para cumplir ese objetivo. Cabe recalcar que es imposible introducirnos al trabajo psicoterapéutico profundo si el usuario no percibe un estado adecuado de equilibrio físico.

La descarga emocional derivado de una crisis es fundamental para evitar la conformación del trauma, a lo largo del presente texto revisaremos técnicas muy prácticas para la expresión emocional, entre ellas, la terapia documental, que es de las más recientes y que permite una liberación del conflicto psíquico a partir del discurso, algo que por supuesto no es nuevo, se trabajó desde el psicoanálisis, pero a lo largo de estas décadas se han desarrollado modalidades nuevas muy creativas para el mismo fin y es válido echar mano de todas ellas.

El dominio cognoscitivo involucra tres puntos clave: 1) procurar en el consultante una comprensión del evento basada en la realidad, en la cual el terapeuta funge como verificador de la misma e identificar las ideas irracionales que pueda llegar a configurar y así desestructurarlas para mejorar su compresión del hecho. 2) hacer contacto con el significado que tiene el hecho para su vida en donde, además de seguir trabajando con las ideas irracionales y los conceptos erróneos, el terapeuta buscará en el consultante el insight que responda a la pregunta ¿para qué me sirve lo que me sucedió? 3) por último, la reestructuración de todo aquello que se vio afectado con el evento de crisis se puede presentar con el desarrollo de nuevas cogniciones, filosofías de vida, la definición de metas, objetivos (perspectiva a futuro) y la aparición de una autoimagen más sólida.

En relación a los ajustes conductuales/interpersonales, Slaikeu (p. 188) nos refiere que es necesario trabajar el vinculo con otras personas, ya sea, procurar su gestación o su reforzamiento, indagar en las formas en las que el individuo puede involucrarse en la ayuda a otras personas con antecedentes de eventos similares, ya sea en grupos de ayuda, activismos o participación en el desarrollo de políticas públicas, entre otras.

Hay consultantes que sus manifestaciones conductuales son de atención inmediata, como en el consumo de sustancias psicoactivas o las conductas de riesgo, aunque también pueden aparecer acciones de evitación ante lugares en las que el individuo tiene la necesidad de acceder, ya sea por trabajo o cualquier actividad de vida, por ello, este ítem de la intervención se tiene que trabajar antes que los anteriores, todo dependerá de la evaluación diagnóstica que se realice.

Por último, Slaikeu describe distintas metodologías que en este texto podríamos englobar en el segundo peldaño de la escalada de intervención, en la cual el clero, los abogados o los enfermeros pueden adquirir un conocimiento semi-especializado para ser parte de la red de apoyo funcional que el consultante requiere, por lo tanto, conviene revisar Intervención en crisis. Manual para práctica e investigación si se busca complementar lo expuesto en el presente trabajo y crear mayores interconexiones teóricas y metodológicas.

El continuo de dilatación-constricción de Lillibridge y Klukkens (1978)

El continuo de dilatación-constricción es un modelo que describe el proceso cognitivo mediante el cual los individuos experimentan los eventos difíciles, y estos pueden ser a partir de una dilatación o una constricción de su experiencia.

En torno a la dilación, tenemos características clave que se unen a la personalidad del individuo como la expansión emocional en donde las personas se sienten abiertas, receptivas a los cambios y al diálogo, tienen una gran apertura a las nuevas experiencias y por ende, tienden a ser más creativos y espontáneos. La empatía se potencializa y las posibilidades parecen infinitas.

Por su parte, en la constricción tenemos características limitadoras, hay una resistencia al cambio en donde la rigidez, la inflexibilidad y el rechazo a nuevas formas de experimentar la realidad dominan al individuo. En la constricción emocional aparecen limitaciones sociales que procuran a la persona un estado defensivo, y en lo general, se percibe una perspectiva limitada del mundo.

En este modelo tenemos tres esferas afectadas: cognición, emoción y conducta, en el siguiente cuadro podemos analizar las características tanto en dilatación como en constricción.

Manifestaciones de la dilatación-constricción		
Elemento	**Dilatación**	**Constricción**
Cognitivo	Desorganización o confusión del pensamiento	Preocupación excesiva, rumiación, pensamientos obsesivos.
Afectivo	Expresión emocional descontrolada.	Limitantes al momento de expresar emociones, aplanamiento afectivo,
Conductual	Comportamientos inapropiados, conducta sexual desmesurada,	Inmovilidad, catatonía,

El proceso psicoterapéutico dependerá del tipo de experiencia que tenga el consultante, contemplando en todo momento que el equilibrio es lo más adecuado y no la negación del síntoma o su erradicación completa. Todas estas manifestaciones son formas por las cuales el individuo busca adaptarse al evento difícil, solo que se encuentran desreguladas, razón por la cual habrá que ayudarle a darles orden para poder ser utilizadas como recurso psíquico.

Ahora, dependiendo del estado del usuario es como se tienen que diseñar las estrategias de intervención, por ejemplo, si el paciente tiene una manifestación exagerada de su sexualidad, derivado de un abuso sexual, el objetivo será aplicar técnicas encaminadas a conocer su cuerpo, a entender los derechos humanos de las demás personas, a liberarse de la culpa que pueda tener y en activar la resiliencia para que así, con todo este diseño el consultante aprenda a regular las manifestaciones de su sexualidad, incluso, algunas técnicas conductuales resultarán de mucha ayuda. Para entender qué técnicas resultarían benéficas, es importante una buena evaluación del conflicto y el modelo de Lillibridge y Klukkens resulta de gran ayuda.

Modelo Wainrib-Bloch

El modelo propuesto por Barbara Rubin Wainrib y Ellin L. Bloch se basa en una readaptación del modelo general de respuesta Relación-Evaluación-Remisión y del continuo de dilatación-constricción descrito previamente.

Las autoras dividen el proceso de intervención en dos: 1) aspectos actitudinales y 2) términos técnicos. Los aspectos actitudinales se subdividen a su vez en los tres periodos de relación, evaluación y remisión, mientras que los términos técnicos incluyen "elementos tales como la definición del problema y su resolución, la acción y las actividades, la aproximación a las redes de apoyo" (Wainrib & Bloch, 2000, pag. 78). A continuación, se describen con mayor detalle.

Modelo Wainrib-Bloch (2000)		
Relación	**Evaluación**	**Remisión**

A. Actitudinal
  1. Establecer la relación inicial y un ambiente de seguridad.
  2. Evaluar la sintomatología con base en el modelo de dilatación-constricción
  3. Estimular las reacciones emocionales (constricción) y las expresiones cognoscitivas (dilatación)
  4. Compruebe sus propias reacciones ante la situación y cliente.
  5. Marque apropiadamente el ritmo y modifíquelo si fuera necesario (reflejo-ritmo-cambio)
  6. Valide y normalice
  7. Respete las diferencias individuales y culturales
  8. Cree un clima de esperanza
  9. Evite trivializar
  10. Sea consciente de la sugestibilidad aumentada.
 	
B. Relación técnica
  1. Refuerce las capacidades del cliente e incremente su autoestima
  2. Estimule la autoconfianza
  3. Defina su propio rol
  4. Defina claramente el problema y desarrolle la resolución de problemas
  5. Explore las anteriores habilidades de afrontamiento del cliente para reforzar la autoimagen
  6. Enseñe una nueva habilidad, mecanismo de afrontamiento o aproximación
	Evaluar:
	  1. La urgencia
	  2. La severidad
	  3. La adecuación de la respuesta
	  4. El estado previo a la experiencia
	  5. Los recursos
	    • Internos
	    • Externos
	    • Comunitarios
	    • Espirituales
	  6. Grado de correspondencia entre la severidad de la crisis y los recursos
		1. Recursos comunitarios
		2. Otros profesionales

Aspectos puntuales nos describen Barbara Wainrib y Ellin Bloch en torno a las características de su modelo:

"Su contacto inicial debe tranquilizar y validar, pero nunca se debe trivializar; debe ser cálido pero no sofocante, respetuoso ante sus necesidades sabiendo que usted tiene que guiarles hacia soluciones realistas... debe considerar su poder para sugestionar... el cliente sufre un gran dolor y usted debe ser capaz de adoptar una posición comprometida y activa en la relación... Mantenga la postura de que la experiencia del cliente es una reacción normal ante una situación anormal... es el cliente quien marca el ritmo... Reflejando de forma apropiada las reacciones de los clientes y asumiendo un ritmo adecuado, usted puede facilitar el cambio del cliente hacia una respuesta más eficaz... debemos, siempre que sea objetivamente posible, validar los sentimientos de los clientes y reducir su temor de que están locos... Los clientes en crisis quieren saber a menudo cuanto durará este sufrimiento. En esta situación necesitamos decirles honestamente que no podemos predecir esa respuesta... No importa lo negativamente que puedan percibirse los clientes a sí mismos, es importante centrarse en las capacidades que usted vea y reforzarlas... Proporcione al cliente algo que llevarse. Es importante para el cliente que finalice su primer contacto con usted con la sensación de que se ha hecho algo en concreto..." (p. 79-88)

Dentro de este modelo se plantea fundamental encontrar fuentes de apoyo las cuales se clasifican en:

1. Nivel 1. Casual: son los encuentros cotidianos y breves que van desde un simple saludo matutino del vecino hasta el despacho de mercancías del vendedor de una tienda que frecuenta el usuario.

2. Nivel 2. Informativa e instrumental: se establece con aquellas personas con las cuales compartimos un área, ya sea laboral, espiritual, deportivo, etc.,

3. Nivel 3. Validadora, íntima y/o espiritual: se conforma por aquellas personas con las cuales hemos compartido información personal y que incluso, conocen detalles de los eventos difíciles que los usuarios viven.

El establecimiento del apoyo tiene dos características: la adecuación y la disponibilidad. Sería impertinente establecer comunicación intima con una persona de apoyo nivel 1, lo adecuado sería establecerlo con un apoyo nivel 3, es decir, personas más allegadas que conocen más detalles de la vida del usuario y que por supuesto está interesada en ser el apoyo que se necesita en ese momento, a eso se refiere la **adecuación**.

Por su parte la **disponibilidad** requiere que la figura de apoyo esté abierta al status de riesgo (que no ponga excusas o pretextos) y que se encuentre ante situaciones difíciles (que no esté en otro país o que viva en una zona incomunicada). Las redes de apoyo entonces, se deben establecer estratégicamente.

En relación al desarrollo de estrategias de solución de problemas, las autoras proponen la siguiente secuencia:

1. Nombrar el problema
2. Explorar las alternativas
3. Fragmentar el problema en su mínima expresión para; 1) dar la sensación de facilidad y 2) incentivar la automotivación por la sensación de progreso.
4. Explorar posibles consecuencias de cada solución
5. Ensayar la solución

Como último paso considero agregar la **valoración de la estrategia**, en la cual se deberá analizar si esta es adecuada para el contexto del usuario, si efectivamente tiene los recursos necesarios para llevarla a la realidad y también si se siente cómodo al momento de implementarla, de lo contrario, podemos realizar las adecuaciones necesarias o bien, sustituirla por otra.

El segundo aspecto de los elementos actitudinales lo conforman todas las estrategias y herramientas para **evaluar** en el usuario la urgencia, la severidad, la adecuación de la respuesta, el estado previo a la experiencia traumática, los recursos internos, externos, comunitarios y espirituales, así como la adecuación de la correspondencia entre la severidad de la crisis y los recursos, lo cual ya se ha trabajado en capítulos anteriores del presente texto.

Por último, el modelo contempla la fase de remisión, dentro de la cual se entiende su es necesario dirigir al cliente con profesionales que complementen a nivel externo el proceso y potencialicen la resolución del conflicto, involucra también conocer organizaciones civiles, gubernamentales o religiosas, los grupos de apoyo, clínicas de desintoxicación, comunidades terapéuticas, así como otros profesionales de la intervención en crisis, para el momento en que usted considere que la situación sobrepasa sus propios recursos o bien, que el paciente requiere una atención interdisciplinaria.

Modelo Caplan & Horowitz

En el modelo de Gerard Caplan es fundamenta entender las fases que el autor aporta para comprender la evolución de la crisis. En un esquema básico, el evento detonante desencadena un incremento inicial de tensión, a lo cual, el individuo responde buscando un recurso (interno o externo) para resolver la dificultad.

Si el individuo encontró el recurso, se disminuye la tensión, sin embargo, si sucede lo contrario, la tensión aumentará. Así, en un ciclo continuo buscará recursos para poder resolver la tensión que con cada búsqueda incrementará hasta llegar a la desorganización emocional grave, si es que no encuentra las estrategias necesarias para resolver el conflicto.

Agregando algunos elementos al modelo Caplan podemos decir que el individuo en su búsqueda de recursos, va pasando del interior al exterior o viceversa, quizá la búsqueda inicial responda a una característica de su personalidad y en una búsqueda secundaria apueste por solicitar ayuda a algún familiar, así, el consultante va explorando sus recursos hasta dar con el indicado, si es que existe.

De igual forma, la tensión es acumulativa conforme avanza la búsqueda del individuo, de tal suerte que esta, se vuelve un tensor que retroalimenta negativamente su autoconfianza, lo cual influye inversamente a su recuperación de elementos, creando lo que se le conoce como un círculo vicioso.

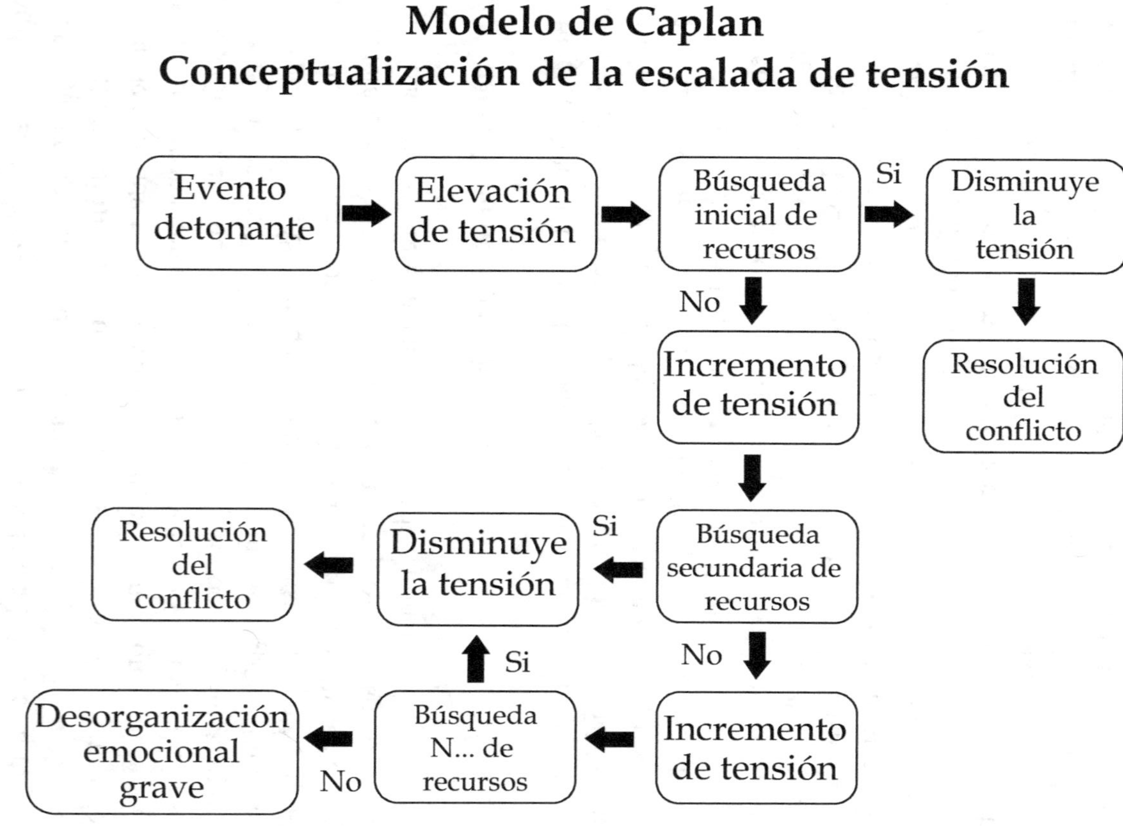

Así, conforme el individuo avanza en su escalada de tensión, va pasando por distintas fases (Horowitz, 1976 citado por Slaikeu, 2000):

1. Desorden: sucede desde el impacto del evento, tal como su nombre lo indica, el individuo está desorientado. De esta etapa puede venir la negación o la intrusión.

2. Negación: en esta fase el individuo aminora el impacto de lo sucedido, puede actuar como si nada hubiese pasado, cuando se le pregunta sobre su sentir responde con indiferencia en relación a lo sucedido, restándole valor.

3. Intrusión: aparecen ideas, imágenes, sentimientos, afirmaciones involuntarias en relación al evento detonante o a su impacto. También pueden aparecer pesadillas.

4. Translaboración: aquí hay un proceso de asimilación, en donde el individuo identifica sus sensaciones, sentimientos o emociones y le resulta más sencillo expresarlos.

5. Terminación: la experiencia de crisis se integra saludablemente a la subjetividad del usuario y se organiza dentro de sus recursos internos.

Esta conceptualización será de gran ayuda al momento de evaluar a los consultantes, así, a partir de su sintomatología de crisis podemos identificar en qué fase se encuentra y poder implementar una estrategia acorde a ella.

Caso clínico: Dublín A. & Londres Az.

Antecedentes: Dublín y Londres han estado casados por 14 años, tiene un hijo en la pubertad. Hace un año perdieron a su hijo más pequeño a causa de una caída que le produjo un traumatismo cerebral severo. Ambos trabajan a tiempo completo, y últimamente han estado experimentando un aumento significativo en los conflictos dentro de la relación.

Inicio del conflicto:

La escalada de conflictos en la relación de la pareja comenzó a intensificarse cuando Dublín recibió una promoción en su trabajo. Esta promoción requería más horas y viajes frecuentes, lo que llevó a Londres a asumir una mayor carga en el cuidado de su hijo, lo cual le resultaba difícil debido a la tensión que se había generado entre ambos desde la muerte de su familiar.

Primera escalada de tensión:
Londres comenzó a sentir resentimiento hacia Dublín y cada vez que tenía la oportunidad le reclamaba: 1) el abandono de la pareja, 2) desencadenar la tensión entre él y su hijo, 3) el descuido del hijo y su subsecuente muerte. Dublín respondía siempre con gritos tales como "eres un desgraciado por reclamarme eso" "no ves que lo hago por la familia" "Yo no tengo la culpa de que tu seas un malhumorado" "Es tu culpa que él sea un rebelde".

Segunda escalada de tensión:
El conflicto comenzó a generalizarse, si anteriormente los enfrentamientos surgían en momentos en los que llegaba Dublín del trabajo, ahora aparecían en lo general con comentarios sarcásticos, críticas y posturas defensivas. El hijo comenzó a tener calificaciones bajas, lo que desencadenaba reproches mutuos en la pareja por su escasa atención.

Tercera escalada de tensión:
La comunicación entre la pareja se establecía únicamente para criticar y "maldecir" el momento en que se conocieron. No existía intimidad y el hogar se descuido por completo, uno por su ausencia y el otro por "llevar la contraria" de lo que Dublín demandaba.

Cuarta escalada de tensión:
Apareció la desconexión emocional, cesaron los gritos, pero apareció la apatía y la retirada. Todos los miembros de la familia se distrajeron con otras actividades, encontrándose únicamente para dormir.

Objetivos terapéuticos:
- Identificar los patrones de comunicación que contribuyen a la escalada del conflicto (hacer evidentes dichos patrones en la

mente de los consultantes para facilitar su identificación cuando aparezcan)

- Reconocer y modificar los pensamientos distorsionados y las creencias negativas que alimentan el conflicto.

- Limpiar las culpabilizaciones entre ellos.

- Psicoeducar en técnicas de comunicación efectiva, como la escucha activa, la negociación y la validación emocional, para reducir las respuestas defensivas y permitir una conversación más abierta y honesta.

- Desarrollar habilidades de resolución de problemas para manejar las diferencias de manera constructiva.

- Negociar nuevas dinámicas de roles en el hogar que fueran más equitativas y en donde cada uno tome las responsabilidades que le corresponde

- Referir al adolescente a psicoterapia para trabajar emociones acumuladas, su conflicto psíquico con los padres y el duelo de su hermano.

- Trabajo psicoterapéutico del duelo en los miembros de la pareja (resignificar la pérdida).

- Permitir la descarga emocional

- Desarrollar redes de apoyo que les permita sociabilizar con otras parejas que haya pasado por el mismo evento de crisis (validación sintomática)

- Incrementar las actividades que permitan fortalecer los vínculos emocionales entre ellos.

Terapia grupal

El mecanismo de afrontamiento que denominación consumo de sustancias (alcohol o drogas) es muy común derivado de un evento traumático. Las personas tratan de disminuir su dolor, su culpa y sus miedos con una sustancia que literalmente adormece su sistema nervioso, por lo cual es indispensable desarrollar una metodología de intervención y protocolos en casos de adicciones, independientemente de si estamos hablando de una clínica o de un profesional independiente.

En el Instituto de Investigación en Psicología y Psicoterapia de México utilizamos el modelo de tratamiento de **Autocambio Dirigido (ACD)** desarrollado por Linda Carter Sobell y Mark B. Sobell (2011) que contempla el uso de la terapia de grupo, la entrevista motivacional y el enfoque cognitivo-conductual.

La terapia de grupo tiene múltiples ventajas en relación a su aplicación individual, entre ellas:

- Se percibe una sensación de apoyo
- Se desarrollan nuevas estrategias derivadas del discurso de los participantes
- Se validan sentimientos y pensamientos comunes en un conflicto psíquico
- Aumenta la interacción social.

Validación emocional

Se percibe claramente cuando el consultante recibe un reconocimiento de sus sentimientos cuando otros participantes reconocen y entienden sus emociones y experiencias. La validación emocional implica que los sentimientos de cada persona son aceptados y comprendidos, lo cual ayuda a reducir sentimientos de soledad y frases como "no es normal que sienta esto". De igual forma, los miembros a menudo comparten experiencias similares, lo que genera una empatía natural y compartida.

Red de seguridad e intercambio de experiencias

Cuando los consultantes expresan la forma mediante la cual han solucionado conflictos relacionados con el tema de intervención, se crea una red de apoyo en la cual se multiplican las estrategias de afrontamiento, otorgando nuevas perspectivas y respuestas que no se habían considerado previamente.

También, la confianza desarrollada dentro del grupo permite que los miembros se sientan seguros al expresar sus pensamientos y sentimientos más profundos. Esta confianza crea un espacio en el que los participantes pueden comunicar su sentir sin temor a ser juzgados

En las sesiones terapéuticas, es común que aparezcan las celebraciones de los éxitos y avances de los demás, lo que ayuda a construir una cultura de apoyo y motivación dentro del grupo. Este tipo de acciones refuerza el sentido de pertenencia, algo que quizá no han tenido, ni siquiera dentro de su círculo familiar.

Construcción de relaciones

El problema del consultante ha deteriorado en gran medida sus relaciones interpersonales debido al aislamiento que muchos padecimientos generan, ya sea por estigmatizaciones (por ejemplo en la drogadicción o el abuso sexual) o bien, por pautas de retroalimentación disfuncional en sus círculo de vida, por ello, la terapia de grupo es una introducción gradual a la inmersión de pautas sociales, para que vuelva a tomar práctica de las reglas de convivencia, formación de vínculos, integración grupal e incluso, el desarrollo de habilidades de naturaleza social como la escucha activa o la regulación de emociones.

Por todo lo anterior, contemplar dentro de nuestros mecanismos de intervención espacio para sesiones grupales sobre un mismo conflicto será benéfico para nuestros consultantes. Sin embargo, tomando el modelo de Autocambio Dirigido (ACD) (Carter Sobell & Sobell, 2011), es importante contemplar las siguientes reglas de trabajo.

I. Duración y tamaño de la sesión

Las sesiones de terapia grupal suelen tener una duración que varía entre 90 y 120 minutos. Este intervalo de tiempo está diseñado para proporcionar suficiente espacio para el desarrollo de dinámicas grupales, la exploración de temas y el trabajo en profundidad sin resultar excesivo o agotador para los participantes. El tamaño ideal del grupo se encuentra entre 6 y 12 miembros. Un grupo de este tamaño permite una participación activa de cada miembro, facilita la interacción y el intercambio de experiencias, y asegura que todos tengan la oportunidad de ser escuchados y apoyados sin que el grupo se vuelva demasiado grande para manejar de manera efectiva.

2. Presencia de un coterapeuta

La presencia de un coterapeuta es altamente recomendable en las sesiones grupales. Un coterapeuta adicional no solo proporciona apoyo y una perspectiva adicional en el proceso terapéutico, sino que también ayuda a mantener el equilibrio y la dinámica del grupo. La colaboración entre terapeutas permite una mejor gestión de las interacciones y el manejo de posibles conflictos, así como una respuesta más ágil a las necesidades individuales de los participantes.

3. Cohesión y características similares

Para que la terapia grupal sea más funcional, es preferible que los miembros del grupo compartan características similares o experiencias comunes. Esta cohesión de identificación facilita una mayor empatía y comprensión entre los participantes, lo que puede intensificar el apoyo mutuo y la efectividad del grupo en general. Cuando los miembros se sienten identificados y comprendidos, es más probable que se involucren plenamente en el proceso terapéutico y se beneficien de la dinámica grupal.

4. Comunicación y silencio

En la terapia grupal, la premisa de que "es imposible no comunicar" subraya que incluso el silencio tiene un significado. La falta de palabras puede comunicar emociones y actitudes, por lo que es importante que los terapeutas y los miembros del grupo presten atención a estos momentos de silencio. El silencio puede ser una oportunidad para la reflexión personal o una señal de incomodidad, y reconocer su importancia ayuda a entender mejor las dinámicas del grupo y las necesidades individuales, además, se pueden aprovechar para iniciar un tema de trabajo.

5. Enfoque visual

En lugar de centrar la vista en un solo miembro del grupo, es preferible que el terapeuta enfoque su atención en el grupo en su totalidad. Este enfoque permite que el terapeuta observe la dinámica grupal y cómo las interacciones afectan a cada miembro. Además, mirar al grupo en su conjunto facilita la gestión del flujo de la sesión y asegura que todos los miembros reciban la atención necesaria. Desde la mirada de los Carter Sobell, la metáfora del director de orquesta resulta de apoyo, esto es, entender que la terapia la hacen los pacientes y el terapeuta únicamente va direccionando la energía de la conversación.

6. Prohibición del influjo de sustancias

Finalmente, se tendrá que plantear la regla, antes de iniciar cualquier trabajo, la prohibición de asistir a las sesiones de terapia grupal bajo el influjo de cualquier sustancia (Alcohol o drogas). La presencia de sustancias puede alterar el comportamiento y la percepción, comprometiendo la seguridad del grupo y la efectividad del proceso terapéutico. La claridad mental y la honestidad en la comunicación son fundamentales para el éxito de la terapia grupal, y garantizar que todos los miembros participen en condiciones adecuadas es crucial para mantener un ambiente terapéutico seguro y productivo.

Modelo de crisis familiar

Las familias tienen tanto crisis circunstanciales como crisis evolutivas, estas son resultado de su propia dinámica y estructura. Al igual que cada individuo va pasando por una serie de etapas, la familia va evolucionando a partir del desarrollo de cada uno de los miembros, así, cuando los hijos comiencen a asistir a la escuela, tendremos que la familia está en etapa escolar, o cuando se hayan ido del hogar por estudio o trabajo, tendremos que la familia inicia su nido vacío.

Existen distintas conceptualizaciones en torno a las etapas que contiene un ciclo vital familiar, las cuales podemos enumerar de la siguiente forma:

1. Conformación de la pareja: se establece la unión entre dos personas, comienza con el noviazgo y culmina cuando se solidifica la convivencia continuada, independientemente si hay matrimonio.

2. Nacimiento de los hijos: el nacimiento del primer hijo es un periodo de muchos cambios, cuando la pareja es responsable, tendrá que adaptarse a las exigencias de un bebé que demanda alimento, cariño, sostén e higiene. Quizá la familia integre más hijos, sin embargo, a pesar de que existe una nueva reestructura, no es tan impactante como el primero, ya que, a partir del segundo hijo, los roles de padres ya se han establecido previamente con el primero. De igual forma, implica un reacomodo especial cuando los hijos nacen con alguna discapacidad.

3. Hijos en edad escolar: cuando los hijos comienzan a asistir a la escuela, hay un reacomodo económico, temporal y espacial, toda vez que las rutinas cambian, la movilidad sufre variaciones e incluso, las interacciones sociales aumentan.

4. Hijos adolescentes, padres maduros: la crisis propia de la adolescencia tiende a coordinarse con la madurez de los padres, lo cual desencadena un conflicto al encontrarse mutuamente dos fuerzas en crecimiento y expansión, por lo que es normal la aparición de tensiones y conflictos entre los miembros familiares.

5. Adultez de los hijos y preparación para la vejez: los hijos se adentran en el mundo de las responsabilidades, muchos comienzan estudios y otros comienzan su periodo laboral, por lo que el tiempo dentro de casa se reduce, en ese momento la pareja original se encuentra nuevamente, si antes de la llegada de los hijos se quedaron con problemas no resueltos, en esta etapa vuelven a la superficie y es donde las parejas tienden al quiebre, pero también es una gran oportunidad para resolver sus conflictos y elevar el disfrute conyugal.

Por el contrario, las parejas con una buena coordinación, comunicación y goce, encuentran en esta etapa un gran deleite para volver a disfrutar el tiempo que les queda en este mundo, comenzando así su periodo de preparación ante la vejez y posiblemente, la enfermedad.

6. Vejez y nido vacío: los hijos se han ido y la pareja se ha reencontrado, pero viene un periodo de una tensión emocional individual que trasciende a la interacción familiar, según lo planteado por Erikson, aquí es donde el hombre y la mujer se encuentran así mismos y regresan la mirada para preguntarse ¿todo lo que hice valió la pena? Si la respuesta es positiva, tendremos individuos íntegros, listos para enfrentar la muerte, si la respuesta es negativa, nos encontraremos con personas temerosas de dejar el mundo terrenal y del juzgamiento posterior.

7. Preparación ante la muerte y deceso del primer miembro: Los individuos en la familia se dan cuenta que falta poco tiempo para que uno de ellos fallezca y se preparan en todos los sentidos, económicamente, testamentariamente, emocionalmente, o de cualquier otra forma que la familia crea conveniente. Si el individuo no está preparado ante la muerte, estará reacio a dejar todo en su lugar y por ello tendremos familias en conflicto legal. Cuando uno de los padres muere, la familia entrará en etapa de duelo y cuando el otro miembro le siga, entonces un ciclo vital familiar, habrá concluido.

Por supuesto, en todas estas etapas pueden existir interrupciones y es cuando nos encontramos con las crisis circunstanciales, la muerte prematura de un hijo o de un padre, la presencia de una enfermedad, etc.

Virginia Satir (2002) en su texto *Nuevas reacciones humanas en el núcleo familiar* describe nueve crisis familiares que se presentan a lo largo de su crecimiento:

1. La concepción, el embarazo y el nacimiento de un hijo.
2. Aparición del lenguaje en el hijo o hija
3. Inicio del contacto social de los hijos
4. Adolescencia de los hijos
5. Los hijos abandonan el hogar

6. Matrimonio de los hijos y expansión de la familia
7. Aparición de la menopausia en la mujer
8. Aparición del climaterio o andropausia
9. Llegada de los nietos y establecimiento del rol de abuelos
10. Muerte de uno de los cónyuges

Así, Satir nos plantea que en el trabajo con familias es necesario contemplar cuatro elementos: la autoestima de sus miembros, la comunicación entre ellos, la configuración sistémica de la familia, así como los vínculos con personas externas al círculo familiar.

El enfoque sistémico, tiene distintos modelos de intervención, lo iniciales y más famosos son:

- **Modelo estratégico:** engloba aquellos tipos de intervención donde el terapeuta asume un papel activo en el desarrollo de estrategias que busca promover el cambio en un individuo. Surge como una evolución de la teoría sistémica, combinada con los estudios sobre la familia y la comunicación realizados por el grupo de Palo Alto, California, dirigido por Gregory Bateson y Don Jackson. Está ampliamente influenciado en el trabajo de Milton Erickson con la hipnosis clínica.

- **Modelo estructural:** su principal teórico es el argentino Salvador Minuchin y parte de la idea de que el conflicto dentro de un sistema familiar, está en la relación que se establece entre todos sus miembros. Su objetivo es "cambiar la organización familiar, los límites entre subsistemas y jerarquías, introduciendo novedad y diversidad en las estrategias de la vida de la familia que sustituyan a las pautas de rigidez y rutina crónicas que caracterizan un sistema patológico" (Ochoa, 2004).

- **Modelo Centrado en Soluciones:** desarrollado por Steve de Shazer e Insoo Kim Berg en Milwaukee a finales de 1970 y su base principal es el desarrollo de estrategias para resolver un conflicto en particular, contempla la evaluación del pasado para entender qué estrategias no funcionaron y ejecuta una serie de preguntas estratégicas para desarrollar un pensamiento orientado al cambio. Entre sus estrategias están las preguntas milagro, los elogios a los avances del usuario, las preguntas de escalada y las de afrontamiento.

- **Modelo de Milán:** desarrollado por Mara Selvini Palazzoli y su grupo de trabajo del Hospital de San Raffaele, Milán. Esta propuesta se enfoca en entender los patrones de comunicación que producen el conflicto, algunas estrategias son las preguntas circulares, la prescripción de paradojas, el reframing o redefinición del síntoma y la prescripción de rituales.

- **Modelo ericksoniano:** desarrollado a partir del trabajo de Milton H. Erickson, a pesar de que su propuesta nunca involucraba desarrollar un modelo, ya que consideraba que el terapeuta habría de encontrar su propia forma de trabajo. Su trabajo incluye el uso de la hipnosis clínica, la cual está cargada de sugestiones, la perspectiva a futuro, el enfoque indirecto y permisivo, el uso de narraciones y metáforas, así como de ordalías.

- **Modelo narrativo:** desarrollado por Michael White y David Epston. Su aplicación involucra el desarrollo de historias, en donde el terapeuta es un guía a la resignificación de los eventos al plantearle preguntas que estimulen la introspección y proponer historias con nuevos aprendizajes provenientes de las propias experiencias del consultante.

Continuamente, el mundo está arrojando teóricos que dan nuevas formas de mirar los modelos, sin embargo, siempre es útil entender los primeros planteamientos y evitar las lagunas epistemológicas, así, nuestra creatividad al momento de diseñar estará completa, desde el punto de vista teórico.

PSICOTERAPIA DE CRISIS

El presente capítulo tiene dos objetivos; 1) recopilar herramientas y técnicas útiles para el trabajo con el trauma y 2) integrar estos recursos terapéuticos en la metodología de psicoterapia de crisis. Trabajaremos con distintas corrientes y enfoques para nutrir verdaderamente el trabajo en sesión con pacientes bajo la dinámica tripartita de comprender, reinterpretar y aprovechar que el presente modelo propone.

Recordemos que tenemos dos tipos de crisis, las circunstanciales y las del desarrollo, en las primeras predomina la tensión del trauma psíquico, mientras que las segundas se contraponen las expectativas contra las realidades, es decir, un trabajador tiene la expectativa de que su jubilación será una oportunidad para aprovechar su tiempo y dedicarse a tareas del hogar, pero en la realidad se encuentra incapaz de tolerar la frustración, de reacomodar sus rutinas o de incapacidad técnica, lo que conducirá a una elevación de la tensión y posiblemente una crisis.

Integración sistémico-humanista

Todos los modelos psicoterapéuticos tienen un enlace entre ellos que permite potencializar su eficiencia, muchas de las características de los modelos más recientes son reinterpretaciones de los modelos básicos o complementaciones de ellos, así también, existe la tendencia actual por lo integrativo, lo cual resulta muy útil al momento de comprender al usuario y su conflicto.

La integración de lo sistémico con lo humanista se basa, principalmente, en los principios filosóficos de la tercera fuerza junto a la interpretación de Virginia Satir de los modelos de retroalimentación sistémicos, lo cual ha resultado muy benéfico para alcanzar los tres objetivos de la psicoterapia de crisis.

"Todo lo que daña el autoestima, reduce la posibilidad de establecer un buen contacto"
Virginia Satir

El punto de inicio de la integración es ***El contacto íntimo***, tanto entre el terapeuta con el consultante como entre este y el medio que lo rodea, cuando no establecemos un contacto auténtico con el otro, el sistema responde de tal forma que las situaciones se vuelven incómodas o forzadas. De igual forma, cuando nos modificamos para encajar en un sitio, nuestros movimientos y nuestra comunicación se percibe desnaturalizada y eso, en una interacción humana, bloquea y repele en lugar de atraer y mantener.

Cuando el terapeuta comienza su interacción tal como es, con su esencia al descubierto, al finalizar la sesión no tendrá esos pensamientos de "pude haber hecho esto, en lugar de esto otro" o "que tal si no le funcionó", en lo general, cuando no reflejamos lo que verdaderamente somos, los sentimientos de culpa aparecerán "¿Por qué no le dije lo que sentía hacia él?" "¿Por qué no la abracé si ardía en deseos de hacerlo?", sin embargo, el origen del bloqueo es nuestra propia autoestima.

Cuando nuestra autoestima no está correctamente equilibrada o adecuadamente alimentada somos tendientes a pensar que lo que decimos verbalmente, hacemos y expresamos corporalmente no es lo correcto y esos pensamientos están cargados de introyecciones tomados de nuestros padres, de nuestra cultura o de los medios de comunicación, introyecciones que no nos permiten ser auténticos y expresar aquello que realmente deseamos, sino lo que "Debería o tendría que decir en una situación como esta".

De lo anterior resulta en que nuestro **diálogo interno** no corresponde con nuestro **diálogo externo** (Satir, 2002) y aunque dentro de nosotros estemos preocupados, con miedo, con necesidades insatisfechas, por fuera estemos siempre "bien", lo cual en alguna medi-

152

da resulta funcional cuando no estamos interactuando con alguien de confianza, pero cuando son nuestros familiares más cercanos, es posible que la comunicación se perciba como insuficiente e inauténtica.

Así es la conversación en una pareja puede aparecer la siguiente conversación:

Como sabrán, cuando una percepción no verbal, no cuadra con lo que la otra persona dijo, se generan incomodidades e inseguridades, que tal como una bola de nieve, se va intensificando poco a poco hasta ser un conflicto sin salida, en la conversación anterior podemos intuir toda la serie de pensamientos que pueden surgir cuando no sentimos real el mensaje, así como sentimientos tan peligrosos en la dinámica humana que van desde sentirse traicionado hasta despreciado.

La tarea entonces, es procurar que la comunicación fluya libremente, buscar romper esas barreras cargadas de ideas irracionales e introyecciones para que tanto terapeuta y usuarios puedan manifestar su esencia y entender que no hay algo dentro de ella que merezca ser encapsulada en conductas superficiales.

Virginia Satir (2002) nos propone las cinco libertades para poder guiarnos hacia la autenticidad del contacto y de la interacción con nuestros seres queridos:

1. "La libertad de ver y escuchar lo que está aquí, en lugar de lo que debería estar, estuvo o estará.

2. La libertad de decir lo que se siente y se piensa, en lugar de lo que se debería sentir y pensar.

3. La libertad de sentir lo que se siente, en lugar de lo que debería sentirse.

4. La libertad de pedir lo que se quiere, en lugar de tener siempre que pedir permiso.

5. La libertad de arriesgarse por su propia cuenta, en lugar de optar únicamente por estar seguro y no perturbar la tranquilidad" (pág. 19-20).

Los cuatro elementos del cambio

Muchas veces el consultante hace la pregunta ¿cómo puedo generar cambios en mi autoestima?, o ¿Cómo puedo identificar que estoy mejorando?, y la verdad es que viéndolo desde su punto de vista, es complicado decirle puntualmente en qué momento está creciendo, así que, Virginia Satir nos entrega una herramienta que nos servirá para incentivar el cambio y para que el individuo logre identificar con mayor facilidad las formas en que su trabajo terapéutico desarrolla nuevas estructuras en su personalidad.

En el siguiente esquema presentamos, según lo propuesto por Virginia Saitr (200), cuatro elementos comunes en el proceso psicoterapéutico, la autoestima, la comunicación, las reglas y el arriesgarse, cualquier modificación en alguno de ellos, podrá generar cambios en los otros.

Autoestima: es un elemento integrativo, es parte de nuestra personalidad y es el campo en donde confluyen otros aspectos de esta, tales como la autoconfianza, el amor propio, el autocariño, el autorespeto, el valor que le otorgamos a nuestro ser, así como la esencia de nuestra interacción con los demás.

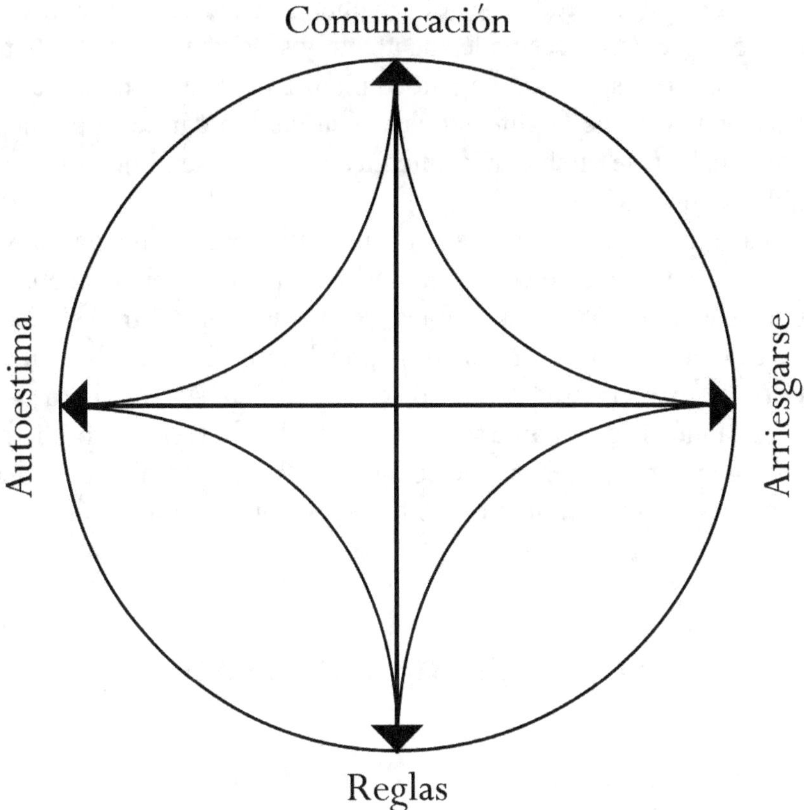

Tomado de Satir, V. (2002) *En contacto íntimo. Cómo relacionarse con uno mismo y con los demás.* México: Editorial Pax México.

Cuando hacemos cambios en nuestra autoestima, podemos mejorar la comunicación con las demás personas, pongamos el ejemplo de alguien que no tiene la autoconfianza para decirle a su esposa que necesita un abrazo o alguna otra muestra de cariño, quizá porque en sus antecedentes familiares, este tipo de expresiones fueron reprendidas o burladas, por lo tanto perderá una y otra vez la oportunidad de establecer un contacto fuerte con su pareja y de recibir retroalimentaciones agradables para fortalecer su relación y a su vez, su autoestima.

En ese ciclo de feedbacks, el paciente puede arriesgarse a decirle a su cónyuge sus necesidades de afecto y si lo hace, se dará cuenta que al ser correspondido su autoconfianza se fortalecerá, así como otros elementos de la autoestima y a su vez, se dará cuenta que la comunicación se vuelve más auténtica y que los sentimientos agradables se intensificarán.

Trabajar con el autoestima del consultante es fundamental previo al trabajo subsecuente con el trauma, es uno de los pilares sobre el cual recae la psicoterapia de crisis, ya que una autoestima saludable que es tendiente hacia lo positivo, podrá permitir una recopilación de los recursos internos y su posterior potencialización, pero también cuando el consultante se sienta capaz de resolver sus conflictos, podrá generar acciones que le conduzcan al descubrimiento de nuevas fortalezas que tendrán como fuente, la interacción social.

Afluencia de autoestima

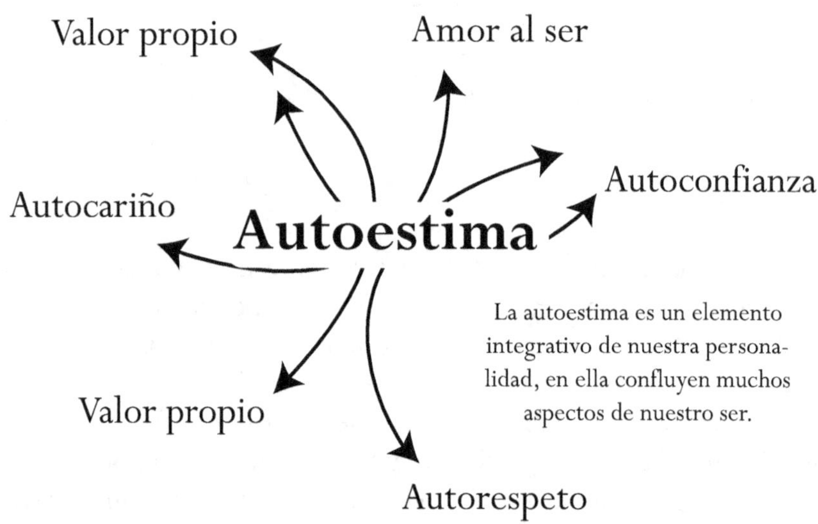

Mi declaración de autoestima, Virginia Satir (2002).

"Yo soy yo.

En todo el mundo, no hay otro que sea igual a mí. Hay personas que tienen algunas partes semejantes a las mías, pero nadie es exactamente como yo. Por tanto, todo lo que provenga de mí es auténticamente mío, porque yo así lo he decidido.

Soy dueño de todo lo que hay en mí: mi cuerpo, incluyendo todo lo que hace; mi mente, incluyendo todos sus pensamientos e ideas; mis ojos, incluyendo las imágenes que contemplan; mis sentimientos, cualesquiera que sean: ira, alegría, frustración, amor, desencanto, emoción; mi boca, y todas las palabras que salgan de ella: amables, dulces o ásperas, correctas o incorrectas; mi voz, fuerte o suave; y todos mis actos, ya sean dirigidos a otros o a mí mismo.

Soy dueño de mis fantasías, mis sueños, esperanzas y temores.

Soy dueño de mis triunfos y éxitos, de todos mis fracasos y errores.

Como soy dueño de todo lo que hay en mí, puedo conocerme íntimamente. Al hacerlo, puedo amar y ser amistoso conmigo en todas mis partes. Así, puedo hacer posible que todo mi ser trabaje en beneficio de mis intereses.

Reconozco que hay aspectos en mí que me intrigan, y que hay otros aspectos que desconozco. Pero mientras sea amistoso y amoroso conmigo, puedo buscar con valor y esperanza las soluciones a estas interrogantes y los medios para descubrir más sobre mí.

Como quiera que parezca y suene, cualquier cosa que diga y haga, y cualquier cosa que piense y sienta en un momento determinado, seré yo. Esto es auténtico y representa loque soy en ese momento.

Cuando más tarde analice cómo parecía o sonaba, lo que dije e hice, y cómo pensé y sentí, algunas partes podrían parecer inadecuadas. Puedo desechar aquello que no sea adecuado, y conservar lo que sí lo sea, e inventar algo nuevo para lo que haya descartado.

Puedo ver, escuchar, sentir, pensar, decir y hacer. Tengo los medios para sobrevivir, para estar unido a los demás, para ser productivo y encontrar sentido y orden en el mundo de las personas y cosas que están fuera de mí.

Me pertenezco y, por tanto, puedo construirme.

Yo soy yo y estoy bien." (p. 42).

Trabajar esta declaración puede funcionar como una especie de mantra que tranquilice a los usuarios en aquellos momentos difíciles que los recuerdos del evento se tornan desesperantes, pero también puede empoderarlos haciéndoles ver que sus sentimientos son válidos y que tienen el control de poder moldearlos en beneficio de su bienestar.

Reglas: el ciclo de la experiencia propuesto por la terapia gestalt no habla de un bloqueo muy común llamado introyección, el cual hace referencia a todas esos ecos del pasado que retumban en nuestras mentes al momento de iniciar una actividad, andar un nuevo camino o retomar hábitos olvidados tiempo atrás, por ejemplo, un consultante en alguna ocasión comentó que le gustaría iniciar una nueva carrera de músico, pero que sus familiares y sus amigos le habían sugerido que no dejara algo seguro por un sueño, así que al final dijo "y creo que tienen razón, mucha gente quisiera estar en mi lugar y yo simplemente lo quiero dejar".

Gran parte de nuestras crisis de adultos surgen por esas necesidades insatisfechas. En algún punto de su madurez, los humanos nos preguntamos ¿estoy satisfecho con lo que hice en mi vida?, y si la respuesta es afirmativa, podremos enfrentar la muerte con una gran espada que se llama integridad, pero si la respuesta tiene ápices de insatisfacción, esa espada tendrá distintas grietas o incluso, ni siquiera tendremos arma con la cual defendernos ante ese inmenso sentimiento de desesperación.

Por ello, romper con todas esas reglas de tener que... o deber que..., nos permitirá adquirir inmensas posibilidades de crear algo nuevo de nosotros. La innovación se hace presente cuando rompemos esos criterios que han conducido muchas de nuestras limitaciones, un ejercicio útil podría ser pedirle al consultante que enumere las reglas que se le presentan cuando intenta mejorar algo de su vida y es posible que salga una lista como la siguiente:

"Cuando intento dejar de hacer algo que beneficia a alguien, pero que a su vez me causa malestar aparecen reglas de tipo:
1. Tengo que dejar de ser egoísta…
2. Sé que me va a causar culpa y mejor no lo intento
3. No logro estar tranquilo pensando en lo que la persona perdió
4. Tengo que volver y pedirle disculpas
5. Tengo que compensárselo haciendo algo adicional"

Posteriormente, junto al consultante podemos buscar estrategias para romper estas reglas, por ejemplo, en la primera regla puede salir como estrategia un diálogo interno con el malestar:

Paciente: ¿Quién eres?

Terapeuta (malestar): soy tu malestar…

Paciente: ¿Por qué estás aquí?

Malestar: vengo del futuro y vengo a advertirte una cosa

Paciente: ¿Qué me quieres decir?

Malestar: que han pasado diez años y sigo presente en tu vida

Paciente: ¿Por qué me torturas así?

Malestar: ¿Por qué dices que te torturo? Si eres tú quien me está manteniendo junto a ti…

Paciente: Yo quiero que ya no aparezcas, quiero ser libre y dejar de culparme por no complacer a mis padres…

Malestar: ¿Por qué crees entonces que sigo contigo si me quieres tan lejos?

Paciente: porque no sé desprenderme de mis padres, los extraño y temo que cuando me vaya se olviden de mi

Malestar: ¿hay algo malo en dejar que las personas se alejen de ti?

Paciente: si, la gente te olvida…

Malestar: ¿y qué hay de malo que la gente te olvide?

Paciente: ¿que ya no te quieren?

Malestar: si dejas a alguien atrás es señal de que estás avanzando ¿no crees?

Paciente: tal vez...

Malestar: y si avanzas, seguramente encontrarás a alguien en el camino ¿o no?

Paciente: eso no es seguro

Malestar: en diez años es seguro que estoy contigo, si tu sigues en donde estás...

Paciente: ¿Cómo puedo hacer que te vayas de mi vida entonces?

Malestar: solo sé tú... y repítete "esto lo hago porque yo lo quiero hacer y no importa nada más" y cuando sientas que vuelvo a aparecer, repítelo otra vez, hasta que mi eco se apague... para siempre.

Paciente: ¿y si algún día de verdad te necesito?

Malestar: pues ya sabes dónde encontrarme, crecí junto a ti, en la misma casa que tú...

Esta conversación se estableció con un consultante cuya introyección no lo dejaba separarse de casa de sus padres por el temor a perder su cariño, a lo largo de su crecimiento sus progenitores le inculcaron el amor a la casa, a su cultura y a la idea de que "si no estas con los tuyos, no tendrás apoyo", lo que desencadenaba temor a la diferenciación, así que el trabajo se enfocó en otorgarle otra mirada del futuro, a veces no hay que pelear con los ecos de los padres, sino complementarlo y así, romperemos las reglas herméticas que disminuyen nuestro disfrute del mundo.

Arriesgarse: todo en la vida involucra un cierto riesgo, desde interactuar con una nueva persona hasta cuestiones más complejas como emprender un negocio, cuando el consultante analiza su problema, tiene alguna idea de cómo solucionarlo y el temor, en realidad, es lo que previene las cosas nuevas para evitar que el orden y el estado de confort se rompan, dando paso al desorden cognitivo y a las crisis interaccionales.

Si volvemos a retomar el ciclo de la experiencia gestáltico, nos encontraremos con la deflexión, en la cual, el individuo evitar contactar de forma directa o evitar el contacto que otros intentan a fin de bloquear la profundización en las relaciones, haciendo que todo encuentro se vuelva superficial (Stange Spíndola & Lecona Pintado, 2014).

En el desarrollo terapéutico de la deflexión está en la toma de conciencia de este patrón para estimular un contacto más profundo y de aquí podemos utilizar las siguientes estrategias:

- Identificar las acciones que utiliza el usuario para bloquear a otras personas cuando intentan contactar, es común, que aparezcan situaciones como mostrar desinterés, apartarse inmediatamente, responder indiferente ante el interés en su estado emocional, etc.

- Desarrollar preguntas que puedan permitir una exploración más profunda de otras personas, tales como ¿en dónde creciste? ¿qué música te gusta? ¿por qué te gusta? ¿Dónde se conocieron tus padres? ¿has leído este libro? ¿qué te pareció? Estas preguntas dan la pauta para entender el procesamiento de la otra persona e incluso, contactar con su experiencia emotiva.

- Entender la forma mediante la cual el consultante desarrollo la deflexión, quizá un ambiente muy frío, violento, rígido y hacer consciente cuál era la función dentro de su dinámica sistémica.

- Fortalecer la expresión corporal, en consulta se pueden trabajar algunas técnicas de psicodrama para darle otras connotaciones a su experiencia.

- Psicoeducación en responsabilidad afectiva y entrenamiento en inteligencia emocional para desarrollar la autorregulación ante "riesgos" interaccionales.

Comunicación: es imposible no comunicar, lo primeros teóricos de la Terapia Familiar Sistémica lo entendieron perfectamente y así han explicado que en realidad, entrar en conflicto con otra persona resulta una labor titánica, ya que no solo es qué dices, sino también cómo lo dices, a quién se lo dices, en dónde se lo dices, qué es lo que has dicho previamente y qué es lo que no estás diciendo. Además, le agregamos las experiencias previas que el receptor tiene de tus palabras.

Los cinco axiomas de la comunicación descrito por Paul Watzlawick (2017) en su famoso libro *Teoría de la Comunicación Humana*, escrito junto a Janet Beavin Bavelas y Don D. Jackson nos arrojan la luz para entender el origen de los trastornos de la conducta dentro de las relaciones interpersonales.

Primer axioma. Es imposible no comunicar: plantea que todo comportamiento, sea intencional o no, transmite un mensaje a los demás. Este axioma subraya que la comunicación no se limita a las palabras; nuestras acciones, gestos, expresiones faciales, e incluso la ausencia de estos, también son formas de comunicación.

Por ejemplo, el silencio, la inmovilidad, la inexpresión emocional y el retraimiento no son simplemente una falta de acción o de comunicación, sino que también envían un mensaje. Cuando alguien permanece en silencio en una conversación o se retrae emocionalmente, los demás interpretan estas conductas como una forma de comunicar algo, aunque la intención de la persona no sea necesariamente transmitir un mensaje. Estos comportamientos pueden generar conflictos, especialmente si los demás esperan una respuesta o una interacción más activa.

La esencia de este axioma radica en que, incluso cuando no se pretende comunicar nada, los demás le otorgan una intención a nuestras acciones o a la falta de ellas. Por ejemplo, el silencio podría ser interpretado como desaprobación, desinterés, o incluso como una estrategia para manipular la situación. Así, aunque la persona no tenga la intención de comunicar estos sentimientos, su comportamiento es percibido de esa manera por los demás, lo que puede llevar a malentendidos y tensiones en las relaciones.

Segundo axioma. Niveles de contenido y las relaciones de comunicación: establece que en toda interacción comunicativa existen dos niveles: el nivel de contenido y el nivel de relación.

- Nivel de contenido: Se refiere a la información literal que se transmite en un mensaje. Es lo que decimos, las palabras que utilizamos, el "qué" de la comunicación.

- Nivel de relación: Se refiere a cómo se transmite el mensaje, es decir, la forma en que la relación entre los comunicantes influye en la interpretación del contenido. Este nivel incluye el tono de voz, la postura, las expresiones faciales, y el contexto emocional o social en el que se da la comunicación.

Watzlawick (2017) sugiere que la forma en que se percibe y entiende el contenido de un mensaje está profundamente influenciada por la relación entre los interlocutores. El mismo mensaje de contenido puede ser interpretado de manera diferente dependiendo de la relación que exista entre las personas que se comunican. Por ejemplo, un comentario dicho por un amigo cercano podría ser interpretado como una broma, mientras que el mismo comentario, si viene de un jefe, podría ser percibido como una crítica o una afrenta.

Tercer axioma. Puntuación de la secuencia de hechos: toda comunicación obtiene una retroalimentación que puede ser positiva o negativa. Podemos generar respuestas nuevas en las demás personas con cambiar nuestra retroalimentación hacia ellos.

Imaginemos una situación en una relación marital en dónde el esposo piensa que su pareja no se comunica lo suficiente, mientras que la esposa siente que su cónyuge siempre está quejándose de que no se hablan lo suficiente. Cada uno percibe su comportamiento como una reacción al del otro.

El esposo puede llegar a pensar: "Me quejo porque ella no habla conmigo" o incluso "quizá ya no me ama".

En esta dinámica la esposa puede pensar: "No hablo con él porque siempre se está quejando".

Aquí, ambos puntúan la secuencia de la comunicación de manera diferente, lo que crea un ciclo de conflicto, cuando este se intensifica es a lo que llamamos "escalada". Cada uno ve su propia acción como una respuesta lógica a la acción del otro, sin reconocer cómo su comportamiento también está contribuyendo al problema.

La intervención se tendrá que enfocar en la modificación de alguna de las respuestas que permiten la escalada, en este caso, en primer lugar se tendría que aclarar los sentimientos de ambos, expresar su amor y recordarles los momentos agradables que han vivido juntos, posteriormente, desencadenar una respuesta nueva en el esposo como tenerle preparado un ramo de rosas a su pareja en lugar de expresar un reclamo y seguramente ella modificará su conducta hacia él, a esto es lo que el modelo de Palo Alto, California le llamó una retroalimentación positiva y comprenderlo nos otorga un gran poder, ya que nos indica la gran capacidad que tenemos para ejercer un cambio en las demás personas a partir de nuestro propio comportamiento.

> "Si quiero que actúes de determinada manera, y te convierto en la referenciade lo que hago, lo único que tengo que hacer es seguir actuando de modos distintos hasta que tengas el aspecto, digas las cosas y te comportes como yo quiero que lo hagas"
> Richard Bandler (2011) *De sapos a príncipes*

Cuarto axioma. Comunicación digital y analógica: describe dos formas diferentes de comunicación que las personas utilizan para interactuar:

- Comunicación digital: se refiere a la comunicación verbal, es decir, las palabras que usamos.
- Comunicación analógica: es toda comunicación no verbal, incluye gestos, expresiones faciales, tono de voz, postura, y otras señales que transmiten emociones, actitudes y relaciones.

Para que la comunicación sea efectiva, los mensajes digitales (verbales) y analógicos (no verbales) deben estar alineados. Cuando ambos tipos de comunicación son coherentes, el mensaje se transmite de manera clara y se minimizan los malentendidos.

El problema surge cuando la comunicación verbal (digital) no encuadra con la comunicación no verbal (analógica). Esta incongruencia puede llevar a confusión y desconfianza en la interacción. Por ejemplo, si alguien dice "Estoy bien" (mensaje digital) pero lo dice con un tono de voz apagado, mirando hacia abajo, y con los brazos cruzados (mensaje analógico), el receptor del mensaje puede interpretar que la persona realmente no está bien, a pesar de lo que sus palabras indican. Esta discrepancia entre lo que se dice y cómo se dice genera ambigüedad, lo que puede llevar a malentendidos o conflictos en la comunicación.

En consulta podremos tener a muchas personas que su comunicación digital y su analógica no concuerdan, en cualquier modelo terapéutico, la estrategia es hacer evidente esa actitud, ya que puede ser una gran oportunidad de acceder al conflicto psíquico del consultante y si, tomamos como cierto ese "estoy bien" sin contemplar su postura decaída de su cuerpo, tardaremos más en entender al paciente y su sintomatología.

Quinto axioma. Interacción simétrica y complementaria: describe dos tipos fundamentales de relaciones que se manifiestan en la comunicación:

- Interacción simétrica: en este tipo de interacción, la relación entre los comunicantes es de igualdad. Ambos individuos se ven como iguales en términos de poder, estatus, o rol dentro de la interacción, por ejemplo, madre-padre, amigo-amigo, jefe de departamento-jefe de departamento, etc. En una relación simétrica hay un esfuerzo por mantener un equilibrio de poder.

- Interacción complementaria: aquí, la relación entre los comunicantes es de desigualdad, pero esta diferencia es aceptada y entendida por ambas partes. Uno de los comunicantes ocupa un rol dominante o superior, mientras que el otro adopta un rol sumiso o subordinado. Este tipo de interacción es común en relaciones jerárquicas, como entre un maestro y un estudiante, un jefe de departamento y un empleado, así como entre madre/padre y sus hijos. En estas relaciones, cada persona cumple un rol que complementa al otro, creando una dinámica funcional basada en sus respectivas posiciones, los padres tienen que cumplir funciones de los hijos en lo que, gradualmente, ellos puedan hacerse cargo de sus cosas..

Ambos tipos de interacción son naturales y necesarias en diferentes contextos. Sin embargo, los problemas pueden surgir cuando las personas no se ajustan al tipo de interacción apropiado para la situación o cuando intentan cambiar el tipo de relación sin un entendimiento mutuo.

La dificultad entre seres humanos radica en entablar comunicación a niveles impertinentes de acuerdo a las jerarquías de las relaciones sociales. Por ejemplo, si en una relación jerárquica (complementaria) uno de los individuos intenta comunicarse de manera simétrica, puede crear tensiones o malentendidos. Un empleado que se comunica con su jefe como si fueran iguales, ignorando la jerarquía establecida, puede ser percibido como irrespetuoso o desafiante. Del mismo modo, si dos amigos intentan imponer autoridad uno sobre el otro (interacción complementaria en lugar de simétrica), puede generar conflictos y rupturas en la relación.

Para desarrollar un cambio, podemos jugar con las pautas comunicativas, ya se ha estudiado cómo las parejas para mantener una homeostasis que se asemeja a sus familias de origen desencadenan interacciones complementarias, cuando en realidad, por naturaleza, deberían ser simétricas, es decir, el hombre que espera que su esposa le planche, le cocine, le haga la cama y le lave la ropa como si fuese un niño pequeño con su madre, no está tomando las atribuciones que requiere un hombre adulto e independiente y además, que la mujer no solo lo acepte, sino que se molesta cuando el esposo cambia el patrón, devolviéndolo a su estado inicial, eso es una relación complementaria e impertinente.

Por ello, para volver más saludables las interacciones, porque **entre menos funciones se cumplan mutuamente dentro de una relación de pareja, más auténtico es el amor,** se podrán cambiar las pautas interaccionales y permitir que cada miembro alcance ese grado de libertad sobre sus propias necesidades.

A un punto superficial, esto que analizamos sale un poco de lo relacionado con el trauma, sin embargo, en clínica habremos de observar como el paciente con el trauma puede optar por el silencio, la inmovilidad o el retraimiento como mecanismos de defensa. Aunque la persona no hable, su comunicación no verbal (por ejemplo, el evitar el contacto visual o la postura corporal cerrada) aún transmite mensajes, como miedo, desconfianza o dolor. Este tipo de comportamiento puede crear conflictos en sus relaciones, ya que los demás podrían interpretar erróneamente estas señales como rechazo, desinterés o frialdad, cuando en realidad son una manifestación del trauma.

De igual forma, en una persona con una desconfianza muy marcada por el trauma, el contenido de un mensaje puede ser malinterpretado debido a la alteración en la percepción de las relaciones. Por ejemplo, si alguien le ofrece apoyo, la persona con trauma podría interpretarlo como una amenaza, una forma de control o un tipo de manipulación, lo que desencadena una reacción defensiva, evasiva o incluso, de ataque.

En referencia a las relaciones simétricas/complementarias, en relaciones donde debería haber una simetría, el consultante con un trauma puede adoptar un rol sumiso o, por el contrario, intentar dominar la interacción debido a una percepción distorsionada de poder o control. En relaciones complementarias, pueden resistirse a roles subordinados, percibiendo cualquier forma de autoridad como una amenaza. Estas dificultades para adaptarse a los niveles de interacción social adecuados pueden llevar a conflictos y aislamiento.

En relaciones de pareja se pueden ver las manifestaciones de antecedentes de haber vivido en un ambiente de violencia cuando la mujer se cobija en brazos de su novio y este, toma el papel de cuidador porque "todo el mundo es malo" y llegan a justificarse así posturas celotípicas, controladoras y manipuladoras con un discurso de protección hacia la mujer.

En conclusión, absolutamente todo comunica algo, tener la suficiente suspicacia clínica para entender los mensajes, hará que podemos desencadenar estrategias que rompan con los ciclos y así, trabajando con la comunicación, los demás elementos del cambio (la autoestima, el arriesgarse y las reglas) se verán influenciadas y podrán adquirir nuevas características en el consultante.

Evaluación de los cuatro elementos	
Comunicación ¿Es claro lo que digo? ¿Es coherente? ¿Coincide con mi diálogo interno? ¿Los demás lo perciben como auténtico?	**Autoestima** ¿Cómo me siento conmigo mismo? Cuando me percibo a mí mismo ¿estoy contento con lo que siento? ¿temo mostrare a los demás?
Reglas ¿Mis sentimientos me pertenecen o son de otra persona? ¿Actúo sintiéndome que no soy yo? ¿Puedo expresarme sin sentirme culpable de lo que dije o hice?	**Arriesgarse** ¿Trato de intentar cosas nuevas? ¿Cómo reacciono cuando intento cosas nuevas?

Técnica: intenta ser alguien más

El objetivo de la presente técnica es trabajar con el consultante nuevos patrones en los 4 elementos del cambio, la instrucción es la siguiente:

"Ahora que ya hemos identificado tus 4 patrones actuales, vamos imaginar distintas situaciones en las cuales te conduzcas de forma distinta a como estás acostumbrado, por ejemplo:

1. Cuando te comunicas con tu esposa, siempre piensas de más y terminas diciendo algo que realmente no expresa tu sentir, eso te causa tensión y malestar contigo y hacia ella. Ahora imagina que cuando sientas la necesidad de expresarle algo, lo haces inmediatamente ¿Qué causa esto dentro de ti?... bien ahora imagina que tu esposa está aquí con nosotros, y en este momento sientes ese malestar cuando ella hace algo que te incomoda, díselo ahora... ¿te costo trabajo expresarlo inmediatamente? ¿cómo te sientes?... Ahora, la tarea es llevar la estrategia a la vida diaria, la próxima sesión evaluaremos cómo te fue.

2. Cuando evalúas tu autoestima, puedes darte cuenta que no te sientes satisfecho con los logros que has tenido en tu vida y que permites que otras personas degraden tu ser. Ya hemos explorado tu autohipnosis negativa así que vamos a sustituirla por otros pensamientos más agradables y construir así, distintos mantras con los que puedas combatir todo ello que te afecta, pro ejemplo, "soy una persona fuerte, libre y decidida", "Tengo éxito en todo lo que me propongo", "Me encanta descubrir cosas nuevas porqué sé disfrutar mi vida al máximo", etc.

Nota: para fortalecer el trabajo se puede utilizar una estrategia de hipnosis basada en el establecimiento de límites, por ejemplo, la muralla de Teresa Robles.

3. Cuando intentas hacer cosas nuevas, te viene a la mente ideas de fracaso, te ves a ti mismo haciendo las cosas mal, al igual que con tu comunicación, piensas mucho antes de emprender la acción y cuando por fin te decides, las condiciones hacen que se complique llevar a éxito tu empresa o aventura. Por ello, la tarea que vas a desarrollar en esta semana, es emprender cualquier acción que se te ocurra, si te viene a la idea visitar un museo, agarra tus cosas, te levantas e inmediatamente tomas tu transporte al museo… así, la próxima semana evaluaremos qué tantas cosas aprendiste en este tiempo y haremos una modificación en la cual exploraremos nuevas oportunidades, pero tomando poco a poco el control de tu impulso y de tu sobrepensar las cosas.

4. Tienes en tu cabeza la regla de siempre comportarte como "se debe" ante las demás personas, eso te ha colocado con una imagen de una persona centrada, seria e incluso, aburrida, lo cual a veces te causa conflicto porque las mujeres prefieren aceptar la invitación de alguien más extrovertido y dinámico. Uno de los orígenes de este mandato es un eco de tu padre recalcándote "pórtate bien, hay mucha gente", "compórtate, no quiero que hagas el ridículo", así que ahora vamos a colocar a tu padre con nosotros y te vas a levantar y con nosotros enfrente vas a darte la oportunidad de hacer el ridículo… muévete, expresa, haz cosas locas, muecas grotescas, movimientos obscenos, palabras altisonantes, patadas karatecas, libérate de ese eco y sé alguien nuevo… y ahora, respira profundamente, cierra tus ojos e integra esto nuevo que has prendido con las estructuras que haz usado en tu vida y dile a tu mente "por favor, integra este nuevo ser.. acomódalo de tal forma que pueda tener una forma de ser que me guste en los momentos que yo lo decida, permíteme tener el control de mi existencia" ¿cómo estás?...

Abre tus ojos… ahora sabes que en tu vida puedes descubrir las reglas que realmente deseas seguir y aquellas que puedes modificar para expresar algo nuevo de ti, incluso sin perder el respeto de tus figuras paternas.

En la integración sistémico-humanista, el trabajo con los sueños resulta muy útil como un mecanismo de evaluación, aunque también nos servirá para la reestructuración de pensamientos disfuncionales. César Jara (2021) nos menciona como las distintas situaciones traumáticas desencadenan sueños en donde "se manifiestan elementos persecutorios" (p. 50) y representan una segunda oportunidad al usuario de asimilar o reinterpretar el suceso, así, las pesadillas, que son uno de los síntomas intrusivos, tienen la función de permitirle a la mente integrar el evento de crisis para disminuir su tensión en vigilia.

Sin embargo, muchas personas no logran interpretar dichas pesadillas a pesar de la gran distancia entre ella y el evento, lo cual se debe a una tendencia del humano por rechazar la sintomatología "negativa", tratando de controlarla o evitarla, mientras que el trabajo real involucra aceptarla y utilizarla en favor de la resolución del conflicto psíquico.

Desde esta metodología, el trabajo con sueños/pesadillas se sale del estándar psicoanalítico de simplemente interpretar lo que significa y tratar de llegar a la "claridad" inconsciente, aquí, el usuario tiene una labor activa como se puede vislumbrar en el siguiente caso.

Caso clínico | Nombre: Segovia M.

Descripción de la pesadilla: "Dentro del sueño, tenía la sensación de que había estado corriendo desde hace mucho tiempo, veía a un lado y después al otro y lo único que veía eran espacios en blanco, como vacíos sin fin. Había una película vieja que se llama la historia sin fin o algo así… pues después de un rato, voltee la vista hacia el cielo y vi un perro gigante, pero no era blanco como el de la película, sino gris, su cabeza era negra con el rostro de un buldog, iba riendo pero me daba miedo, era una risa que me provocaba malestar como aquellas veces que se olvida hacer algo pero no recuerdas qué, pero que es importante para evitar un problema más duro… hay un lapso en el que no me acuerdo, sino después cambio de escena y voy cayendo, creo que me caí del camino al espacio en blanco porque en el sueño voy repitiendo tonta, tonta, tonta y después de un rato mi cabello se enreda en una maraña de árboles secos, pero lo extraño es que mi cabello no es chino como normalmente lo tengo, sino lacio y es raro porque mi cabello cuando está así no se enreda, o al menos cuesta más trabajo".

Terapeuta: la película que mencionas ¿cuál es la temática general? (aunque conozcamos la temática es importante preguntarlo para entender la interpretación del consultante).

Segovia: en general pues es una aventura, tiene que salvarse el reino de algo que le llaman la nada.

Terapeuta: ¿la nada? ¿Cómo en la que vas cayendo?

Segovia: Creo que sí.

Terapeuta: y el perro de la película, no de tu sueño ¿Qué función tiene?

Segovia: el de la película es como el transporte y ayuda al niño de la película.

Terapeuta: ¿crees que el perro de tu sueño sea un guía que te ayudaría a vivir una gran aventura?

Segovia: no lo sé, porque me da miedo…

Terapeuta: ¿te da miedo iniciar una aventura?

Segovia: no me da miedo… o tal vez sí… desde que mi esposo se fue (murió) no ha salido de viaje ni he visitado los lugares que comúnmente visitábamos…

Terapeuta: ¿te da miedo que no esté contigo en ese momento?

Segovia: Sí… me da miedo estirar mi mano mientras veo un cuadro y no encontrar la de él… (llanto) que cuando compre algo, una chuchería, no pueda compartirle porque simplemente ya no está…

Terapeuta: está bien Segovia, entiendo bien lo que me quiere expresar, ahora, por favor, con este sentimiento que tiene usted en este momento, le voy a pedir que cierre un momento sus ojos…

Trabajo con el sueño: Ahí donde está, recuerde ese sueño en que está usted corriendo… alejándose de la aventura desde hace tiempo… respire profundamente mientras continúa corriendo… ¿puede sentir su pecho como está agitado? ¿puede sentir sus músculos cansados? ¿tensos de tanto correr?

Segovia: Sí

Terapeuta: observe a su alrededor ¿qué ve?

Segovia: veo la nada a mis lados… y ahora veo al perro volando en el cielo.

Terapeuta: está bien, después de eso ya no tiene usted recuerdo de lo que pasó hasta que se encuentra cayendo en la nada ¿es así? (asiente con la cabeza) bueno, pues ese espacio en blanco es perfecto para llenarlo con algo más ¿Para que sigue usted corriendo?

Segovia: para alejarme de aquello que me duelo.

Terapeuta: ¿qué le duele?

Segovia: que ya no está mi esposo…

Terapeuta: ¿Qué está muerto?

Segovia: Sí… que está muerto (salen lágrimas)

Terapeuta: por favor, sitúese en el lugar de la nada… ahora usted es la nada ¿Qué se siente ser la nada?

Segovia: tranquilo… pensé que no se sentía nada ser la nada, pero ahora me siento muy tranquila.

Terapeuta: ¿qué piensa la nada?

Segovia: piensa que Segovia necesita caer

Terapeuta: ¿Por qué usted, la nada, piensa que Segovia necesita caer?

Segovia: para que descanse de correr… no quiero que Segovia caiga, pero le ha huido tanto a las cosas que antes disfrutaba que se está desgastando y eso al final de cuentas la va a llevar a mi… a la nada.

Terapeuta: si usted, nada, fuera Segovia ¿Qué haría?

Segovia: dejaría de correr (risa)

Terapeuta: por qué ríe usted, Nada…

Segovia: por que la respuesta de Segovia es tan sencilla, viéndolo desde acá, desde la nada.

Terapeuta: ubíquese en su plano, por favor Segovia... Sea usted Segovia nuevamente ¿sigue corriendo?

Segovia: sí, pero creo que más despacio

Terapeuta: ¿Está usted lista para dejar de correr?

Segovia: si... ya me he detenido

Terapeuta: está bien ¿cómo está con eso?

Segovia: triste

Terapeuta: ¿Sabe usted la razón de esa tristeza?

Segovia: sí, estoy triste porque voy a seguir avanzando y no va a ser con mi esposo.

Terapeuta: ¿qué quiere hacer con esa tristeza?

Segovia: ahorita solo quiero quedármela, quiero ocuparla como motor para seguir avanzando y hacer otra vez las cosas que disfruto.

Terapeuta. Está bien entonces, quédesela en lo que transforma ese sentimiento motor por otro... si es que así lo considera funcional.... ¿Qué está pasando en su sueño ahora?

Segovia: veo al perro...

Terapeuta: ¿Le causa alguna emoción?

Segovia: no, lo veo ahora como algo normal, como algo que usted dice que no es bueno ni malo, solo está.

Terapeuta: ¿es neutral?

Segovia: Sí, es neutral.

Terapeuta: ¿Quisiera usted dialogar con ese perro?

Segovia: no hace falta, siento que lo escucho... va diciendo que él "es la aventura" y siento que es la voz de mi esposo.

Terapeuta: ¿Y qué cree que signifique eso, Segovia?

Segovia: creo que me dice que así honro la ausencia de mi esposo, no lo quiero alcanzar porque creo que no lo podré alcanzar, solo lo veo alejarse...

Terapeuta: él es la aventura...

Segovia: Sí... él es la aventura.

Conclusión

Al final del ejercicio, Segovia resignificó la figura del perro que, si antes se había fijado en su mente con un sentimiento de temor, ahora modificó la pauta de forma más neutral y asoció su imagen a la de su esposo, a la vez que encontró una forma de permitirse la aventura, que es una forma de conceptualizar las cosas que antes disfrutaba realizar con su esposo. De igual forma, limpió la imagen de la nada y comprendió que encontramos nuestro destino, en aquellos caminos que tomamos para evitarlo, por lo tanto, dejó de correr.

En este caso, la película fue un catalizador del conflicto psíquico y que también fue utilizado terapéuticamente para resignificar los pensamientos y sentimientos derivados del duelo. Así entonces, en el trabajo con sueños, vamos desmenuzando los elementos simbólicos y destinamos un pequeño recurso para interpretarlos, pero lo fuerte es el proceso activo que el usuario desencadena a partir de ellos.

Resiliencia

El concepto de resiliencia lo analizaremos a la luz de otros conceptos derivados de la ingeniería de materiales que, vistos como alegorías del funcionamiento de la mente, nos pueden ayudar a entender los distintos procesamientos cognitivos que tenemos los humanos ante los estímulos adversos del mundo.

En primer lugar, habrá que dividir el proceso de resiliencia en dos partes, primero, la cantidad de energía elástica que un material puede absorber sin romperse y segundo, la capacidad que ese material tiene para liberar esa energía que absorbió, un material no es resiliente si no devuelve esa energía, es decir, si se queda deformada. La mente entonces, se plantea como resiliente cuando devuelve al mundo aquello que este le provocó, independientemente de la forma en que lo hace y del valor (+ o -) de esa devolución.

La **resiliencia** entonces, es una capacidad completamente neutral, no hablamos de si la estrategia es buena o mala, ya que estos son elementos subjetivos entre las distintas mentalidades humanas.

A su vez la resiliencia probada es la energía máxima que el material puede absorber sin que se produzca una deformación permanente y esto, en términos humanos, hace referencia a aquellas frases como "si ya pude soportar la muerte de mi padre, puedo soportar un examen sorpresa".

La **fluencia** es el límite de tensiones donde comienza la deformación plástica, el ser humano resiste muchos eventos complejos a lo largo de su vida y muchas veces, el humano llega al límite, la fluencia dentro de la estructura psíquica se incrementa con cada evento complicado que no se ha resuelto hasta que llega un punto de quiebre. En la ingeniería, solo una parte del material se recupera, el resto, se ha perdido para siempre.

La **tenacidad** es muy similar al concepto de resiliencia, sin embargo, contempla como fin al quiebre, la presión del mundo se vuelve tan constante y sin retroceso que el individuo no devuelve la energía y termina por quebrarse, esto involucra la enfermedad física o mental, así como el suicidio. Todos tenemos esta propiedad, de aquí lo importante es incrementar nuestras estrategias de afrontamiento. La mejor intervención es la prevención.

De lo anterior podemos contemplar otro concepto: **ductilidad,** principalmente los metales tienen esta capacidad de deformarse ante la tensión ejercida sobre ellos, los metales son muy dúctiles, mientras que otros materiales como el vidrio, no lo son tanto y tienden fácilmente al quiebre. El mundo inevitablemente trae complicaciones, por lo que además de la resiliencia, reforzar la ductilidad en nuestra mente es indispensable para evitar el colapso, quizá en este momento no tengamos la capacidad o los recursos internos para devolver la energía al mundo, pero mientras tanto, nos moldeamos a las demandas del ecosistema para evitar la extinción, tal como sucedió con COVID-19.

De los conceptos anteriores se desprende que el asesor, el terapeuta, el psicólogo o cualquier profesional que trabaje con la crisis, tiene las siguientes obligaciones:

1. Incentivar el desarrollo de recursos internos para hacerle frente a las condiciones adversas del mundo.

2. Detonar los recursos y estrategias internas del consultante para devolver la energía al mundo de la forma que más le funcione tanto individualmente, como socialmente.

3. Apoyar al consultante en el aprendizaje de estrategias de afrontamiento que le permitan moldearse a las necesidades de su ecosistema, mientras que adquiere los recursos necesarios para la resiliencia.

4. Hacer consciente de las dificultades que el consultante ha sorteado y resuelto con éxito a fin de incrementar su autoconfianza.

5. Incentivar el aprendizaje de formas de devolución de la energía recibida, lo cual puede resultar en la creación de grupos de apoyo, asociaciones civiles, colectas para grupos afectados, etc.

Para la prevención, considerar un **enfoque de interseccionalidad** resulta de gran ayuda, tomemos como ejemplo un niño de 6 años que vive en zonas rurales a 8 horas de la capital del Estado, no habla español, vive únicamente con su madre y tiene ciertas dificultades para hacerse entender. ¿Cómo se debe estructurar la prevención? ¿Debe plantearse de igual forma que con un niño del centro, que convive con ambos padres, que tiene todos los servicios de forma muy accesible? Por supuesto que no.

De establecer una estrategia de prevención genérica, estaríamos dejando a un lado a la equidad, que conlleva adecuar nuestra intervención a las verdaderas necesidades del consultante, nivelando las ausencias o lagunas que el mundo en su funcionamiento ordinario establece a ciertos grupos sociales. Si adecuamos la estrategia nuestra intervención será mucho más eficiente, tanto para nosotros como para los consultantes.

Modelo Puerta de Klinkert (2002)

La estrategia a implementar en el desarrollo de habilidades resilientes implica en un primer momento, identificar los ámbitos generadores de resiliencia, que son las "circunstancias o factores bajo los cuales surgen en las personas esas fuerzas que las ayudan a superar con éxito la adversidad y a crecer a partir de ella" (Puertas de Klinkert, 2002, pág. 19).

Ámbitos generadores de resiliencia

Puerta de klinkert, M. P. (2002) *Resiliencia. La estimulación del niño para enfrentar desafíos.* México: Editorial Lumen

Las **redes sociales que aportan aceptación incondicional** pueden estar conformadas por familias y conocidos íntimos que conocen la vida del consultante y que son fuente de satisfacción. Sin embargo, habrá que contemplar que no todas las familias aportan retroalimentaciones positivas y tendremos que buscar aquellas en donde efectivamente se dé una interacción nutricia.

La **capacidad de encontrar significado** a todo lo que ocurre en la vida es algo que distintas corrientes filosóficas y psicoterapéuticas han planteado en sus metodologías, la pauta más común es la fe, la creencia en un ser supremo que controla el universo, sin embargo, actualmente, con la diversidad tan amplia de creencias no es posible limitarnos a una explicación divina de lo que nos sucede, por lo que podemos dar apertura a más significados, de acuerdo a las características del usuario.

En relación al **desarrollo de aptitudes**, podemos hacer mención de aquellas habilidades mentales que permiten el reacomodo o reestructuración de eventos en la mente, los seres humanos utilizamos la **complementación**, la **eliminación**, o **modificación** para integrar los distintos pensamientos a nuestras estructuras previas, así también los enfoques racional-emotivo y cognitivo-conductual trabajan sobre los esquemas mentales, entendiendo que tenemos muchos errores del pensamiento e ideas irracionales que limitan nuestra experiencia del mundo.

De igual forma, el conocimiento es una fuente invaluable de poder, entre mayor información tengamos, los eventos serán mejor comprendidos y nuestro palacio mental estará tan diversificado que mejorará la forma de resolver problemas de forma creativa. La tarea entonces es aprender, investigar y absorber la mayor cantidad de información del mundo y sus demonios. Quien te diga lo contrario, te querrá en la oscuridad eterna.

El **desarrollo de la autoestima** está involucrado con otros elementos del desarrollo humano como la autoconfianza, la autocrítica constructiva, la autonomía y la autorreflexión. La base de una autoestima saludable es la autoaceptación, ya que partir de esta, todo lo que hacemos lo entendemos como parte de nosotros, cuando nos aceptamos, no estamos buscando la aprobación de los demás, nuestras reacciones se vuelven auténticas y a nuestras emociones no estamos tratando de ocultarlas o modificarlas en relación a otras personas. En la parte de intervención analizaremos algunas estrategias para trabajar con la autoestima.

Finalmente, el desarrollar un **sentido del humor** nos va a permitir tener una visión cómica de nuestros errores y limitaciones, es la forma de disminuir la tensión derivada de una tragedia, cabe aclarar que esto será funcional cuando se efectúe en con un sentido de autorrespeto y no de auto laceración o humillación.

Esta escala pentatónica de resiliencia nos da una gran ayuda al momento de diseñar estrategias que procuren mecanismos de prevención al trauma psíquico y no hace falta que se implementen necesariamente después de una crisis, sino también sirve de fortalecimiento mental.

Mindfulness

Las investigaciones actuales reflejan la gran eficiencia en la resolución de conflictos emocionales bajo el sello de Intervenciones Basadas en Mindfulness (BMI), incluso los datos son prometedores para los padecimientos psicóticos (Villota-Tamayo, Á. et al, 2024) facilitando la reducción de los síntomas negativos y el afrontamiento de las alucinaciones (Lafitte Cabrera, H. et al., 2024).

El mindfulness se integra a las estrategias psicoterapéuticas como parte de las terapias contextuales y su traducción al español, atención plena, hace referencia a la base de su modelo, es decir, vaciar la mente para permitir una existencia en plenitud. En palabras de Marcelo R. Ceberio y Sabina Tamara Rodríguez (2023):

> "el *mindfulness* es concebido como una conciencia que se centra en el presente, con las características de no elaborar ni enjuiciar, atendiendo a los pensamientos, sentimientos o sensaciones que surjan en el campo atencional como fenómenos mentales, reconociéndolos y aceptándolos tal como son" (p. 85).

Estudios en neurociencia cognitiva (Tang & Posner, 2013; Segal et al., 2002; Marcial Pérez, 2017) han validado científicamente el uso del mindfulness para la relajación y la modificación de pensamientos y emociones autodestructivas, favoreciendo así, el desarrollo de emociones adaptativas y el incremento de la calidad de vida del individuo.

> "Quienes llevan adelante la práctica del mindfulness experimentan efectos mentales muy positivos. Esencialmente, detectan mejor y más rápido los estímulos externos e internos de la mente y son me-

nos propensos a sufrir ciertas formas de estrés (Moscoso y Delgado, 2015). Un estudio científico realizado por Tang y Posner (2013) evidenció que cien minutos de entrenamiento mindfulness por semana reduce entre 30 y 50 % los niveles de cortisol, como un marcador de estrés, contra un grupo control que no recibió tal entrenamiento" (Ceberio & Rodríguez, 2023 p. 86)

La aplicación del mindfulness es muy accesible para el consultante, el procedimiento en lo general es de la siguiente forma:

1. Preparación: se pide al paciente que se siente o se acueste en una posición cómoda. Si está sentado, debe tener los pies apoyados en el suelo y las manos descansando sobre el regazo o a los lados. Se le sugiere que cierre los ojos para reducir las distracciones y enfocarse en la respiración, aunque algunos consultantes prefieren realizarlo con los ojos abiertos, lo cual es muy normal sobre todo en casos de abuso sexual.

2. Conciencia en la respiración: indica al paciente que preste atención a su respiración natural, sin intentar controlarla. Que note cómo el aire entra y sale de su cuerpo, y cómo se siente su cuerpo al respirar.

3. Respiración diafragmática: pide al consultante que coloque una mano sobre el pecho y la otra sobre el abdomen. Explícale que el objetivo es hacer que la mano sobre el abdomen se mueva más que la mano sobre el pecho mientras respira. Indícale que inhale lentamente por la nariz durante 4 segundos, llenando primero la parte baja de los pulmones (sintiendo cómo se eleva el abdomen), y luego la parte superior. Que retenga la respiración durante 2-3 segundos.

4. Exhalación lenta: se le pide al usuario que exhale lentamente por la boca durante 6-8 segundos, soplando el aire suavemente como si estuviera apagando una vela. Que se concentre en vaciar completamente los pulmones. Mientras exhala, puede imaginar que está liberando cualquier tensión o preocupación.

5. Repite este ciclo de respiración de 5 a 10 veces: anima al paciente a concentrarse en cada respiración, sintiendo cómo su cuerpo se relaja con cada exhalación.

6. Uso de explicaciones del funcionamiento corporal: resulta útil explicar al consultante que pasa dentro de su cuerpo cuando mantiene la calma, cuando regula su respiración y las ventajas que tiene en la reducción de la tensión, así se fortalece la idea de que la técnica le servirá en su día cotidiano.

7. Cierre: se le pregunta su estado corporal, mental y emocional, se le puede dar un bolígrafo y una hoja para que anote lo que sintió y los aprendizaje adquirido y para concluir se le recuerda que puede utilizar la técnica cuando la tensión de su día cotidiano aumenta, para ello, tomaremos los resultados del Análisis Funcional de la Conducta para dar sugerencias de aplicación más exactas.

El distrés es el origen de múltiples conflictos emocionales y un catalizador del desarrollo de enfermedades médicas,

> "Se inicia en el hipotálamo con la producción de la hormona liberadora de corticotropina (CRH) dirigida al sistema circulatorio de la glándula pituitaria, la cual segrega la hormona adenocorticotropa (ACTH) a través del eje hipotálamo-pituitariasuprarrenal (eje HPA) produciendo hormonas glucocorticoides, especialmente cortisol… activa el eje simpático-suprarrenal medular (SAM), el cual genera la secreción de catecolaminas como la adrenalina y noradrenalina. Estas hormonas generan un aumento en la concentración de glucosa en la sangre facilitando un mayor nivel de energía, oxígeno, alerta, fuerza muscular y resistencia al dolor; todo este proceso se manifiesta en cuestión de minutos. La liberación de dichas hormonas causadas por un estresor permite el inicio de un proceso de interacción inmediata con otras áreas del cerebro y el sistema nervioso autónomo, a través de los sistemas simpático y parasimpático, enlazando la experiencia del estrés con los componentes psicofisiológicos y bioquímicos de la emoción y preparando el organismo para un estado de alerta" (Moscoso, 2010, p. 15)

Así, el mindfulness, a partir de sus estrategias de relajación, permite serenar las ondas cerebrales, disminuir las secreciones de estas sustancias y permitir la búsqueda de soluciones a los conflictos que desencadenan estrés al usuario, rompiendo así, la escalada del problema.

Espiral del conflicto

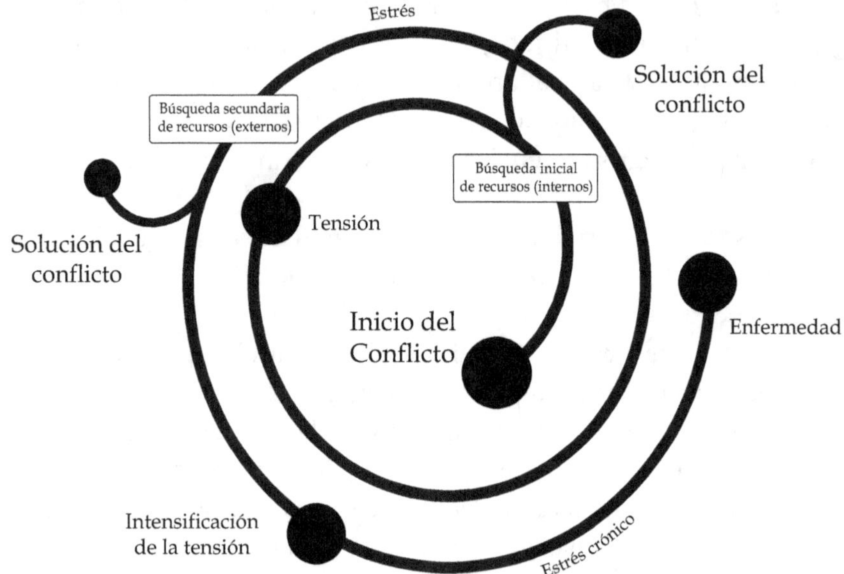

"Es importante destacar que la [Terapia Cognitiva Centrada en Mindfulness] es actualmente uno de los enfoques cognitivos de mayor desarrollo y aceptación en Estados Unidos y Europa, no solamente para el manejo del distrés emocional causado por el diagnóstico de enfermedades crónicas y terminales, sino también para obtener un beneficio inmunológico y neuroendocrino que promueven el restablecimiento de la salud y contribuyen a un mejor control de los síntomas causados por los tratamientos médicos" (Moscoso, 2010, p. 22).

Técnica de atención plena

Cierra tus ojos un momento, por favor… (silencio)
Respira profundamente, una vez… (silencio)
Una vez más… (silencio)
Y una última vez, lo más profundo que puedas… (silencio)

Ahora, en este estado de relajación comienza a focalizar tu atención sobre las palmas de tu mano… comienza a rozar las yemas de todos tus dedos y así, podrás focalizar tu atención en el dedo pulgar de tu mano derecha, aunque todos tus dedos se sigan moviendo, concentra tu atención sobre tu dedo pulgar…

Roza con tu índice derecho tu pulgar derecho y percibe cómo se siente tu índice, ahora roza tu dedo medio con tu pulgar ¿puedes sentir la textura de tu piel?

Ahora junta tus manos manteniendo tu atención sobre tu pulgar derecho y comienza a frotar tus manos mutuamente… tu dedo pulgar es parte de una danza de manos y puedes jugar con tu atención, alternándola entre tus dos manos y tu dedo pulgar… cuando lo haces parece que cambias la fuerza de tu frote, pero en realidad es tu mente la que está incrementando la sensación en esa zona. Sigue frotando tus manos…

Los elementos del mundo son similares, cuando te concentras en los elementos malos, difíciles u hostigantes, esos elementos se vuelven más intensos, pero si te concentras en todos los elementos agradables que hay en tu vida… tus hijos, tu familia, tus logros (se adapta a las características del usuario) … verás que esos elementos se intensifican y te permiten disfrutar del mundo.

Ahora, mientras frotas tus manos, podrás agregar un elemento más a tu atención… siente en este momento tus pies ¿puedes sentir cómo la presión de tu calzado sobre tus dedos? Muévelos un poco… ¿puedes sentir cómo el pulgar de tu pie derecho hace contacto con tu calzado? ¿puedes sentir lo mismo con tu dedo meñique?

Vuelve a concentrar tu atención en tus manos, ahora júntalas sin moverlas y concentra tu atención en tu respiración… coloca una mano suavemente sobre tu abdomen, justo debajo de las costillas, y la otra mano en tu pecho. Siente como se mueve tu pecho y tu estómago mientras respiras.

Inhala lentamente por la nariz. Siente cómo el aire llena la parte baja de tus pulmones, haciendo que tu abdomen se eleve. Cuenta en silencio hasta cuatro mientras inhalas... uno, dos, tres, cuatro.

Mantén el aire dentro durante un breve momento, contando hasta dos... uno, dos.

Ahora, exhala despacio por la boca... Mientras exhalas, siente cómo tu abdomen se va desinflando lentamente. Cuenta hasta seis mientras sueltas el aire... uno, dos, tres, cuatro, cinco, seis.

Muy bien, vamos a repetirlo. Inhala profundamente por la nariz, sintiendo cómo tu abdomen se eleva... uno, dos, tres, cuatro. Sostén el aire... uno, dos. Y exhala suavemente por la boca... uno, dos, tres, cuatro, cinco, seis.

Continúa respirando a este ritmo, inhalando por cuatro segundos, sosteniendo por dos, y exhalando por seis. Mientras lo haces, enfócate en la sensación de relajación que va creciendo en tu cuerpo con cada exhalación.

Si en algún momento tu mente se distrae, está bien. Simplemente vuelve a concentrarte en tu respiración. Siente cómo el aire entra y sale, cómo tu cuerpo se va relajando cada vez más.

Inhala... uno, dos, tres, cuatro. Sostén... uno, dos. Y exhala... uno, dos, tres, cuatro, cinco, seis. Ahora, respira profundamente una última vez, retén lo más que puedas el aire dentro de ti y exhala…

A tu ritmo y a tu tiempo, abre tus ojos, ubicándote aquí y ahora… (silencio) ¿Cómo estás?

Higiene del sueño

El Hospital Universitario La Moraleja en Madrid describe pautas de higiene del sueño que podremos recomendar a los consultantes:

1. Evitar tomar sustancias excitantes como café, té, alcohol, drogas, etc., especialmente durante la tarde o al final del día.

2. Tomar una cena ligera y esperar una o dos horas para acostarse. No irse a la cama con la sensación de hambre. Se puede tomar un vaso de leche caliente (sin chocolate) o una infusión (sin teína) para favorecer la relajación antes de ir a dormir.

3. Realizar ejercicio físico, pero evitar hacerlo a última hora del día, ya que activa el organismo.

4. Evitar siestas prolongadas (no más de 20-30 min,) y nunca por la tarde-noche.

5. Tomar en cuenta que algunos medicamentos pueden causar insomnio.

6. Mantener horarios de sueño regulares, acostándose y levantándose siempre a la misma hora. Si no se consigue conciliar el sueño en 15 minutos, salir de la cama y relajarse en otro lugar para volver a la cama cuando aparezca el sueño.

7. Evitar la exposición a luz brillante a última hora de la tarde y por la noche si existen problemas para conciliar el sueño.

8. No realizar en la cama tareas que impliquen actividad mental.

9. Es imprescindible mantener un ambiente adecuado que favorezca y ayude a mantener el sueño. Se debe procurar mantener una temperatura adecuada, evitar ruidos, usar colores relajantes y una cama confortable. Evitar los ambientes no familiares o no habituales a la hora de dormir.

10. Si es necesario, se puede realizar un ritual antes de acostarse que incluya conductas relajantes como escuchar música tranquila, lavarse los dientes, una ducha templada, etc.

Guía del sueño. Servicio de Neurología del Hospital Sanitas La Moraleja

A nivel mundial, el TEP alcanza cifras entre el 5% y 10% de incidencia, el cual se eleva en poblaciones de riesgo (militares, policías, víctimas de violencia familiar y niños maltratados). Está asociado directamente a un evento de crisis que implica una amenaza o un daño real severo que incluso, puede ocasionar la muerte o la de una persona cercana. De igual forma, está vinculado con discapacidad social, laboral o física, así como con el espectro suicida y enfermedades médicas (Zegarra-Valdivia & Chino-Vilca, 2019).

Al igual que muchos trastornos psiquiátricos, el estrés postraumático no tiene un origen claramente identificable, y respecto a esto, siempre he sostenido que la causa es multifactorial, quizá comience con algún elemento base (neurobiológico), pero se va retroalimentando y configurando a partir de la interacción con otros sistemas igual de complejos (familiares, sociales, culturales, etc.).

Después del evento de crisis, es común encontrar dos situaciones, incluso años después: alteración del eje hipotalámico-hipofisiario-adrenal y la comorbilidad con padecimientos como ansiedad, depresión, consumo de sustancias psicoactivas y problemas de somatización.

Dentro de los objetivos generales de la psicoterapia en este trastorno, están el establecimiento de una adecuada relación terapéutica en donde predomine la confianza, la seguridad y el respeto al consultante, el quiebre de la asociación establecida entre el recuerdo traumático y los síntomas asociados y la restauración del sentimiento de integridad y autocontrol en el paciente (Amodeo Escribano, 2011).

Sin embargo, es necesario en primer lugar realizar una evaluación que nos arroje un parámetro del lugar en el que se encuentra el consultante respecto a sus síntomas, así como de su estado en relación a los criterios diagnósticos.

Evaluaciones en el Trastorno de Estrés Postraumático: El primer punto de la investigación clínica con el consultante es la forma en la cual interactúan con sus conductas problemáticas y se puede realizar mediante un análisis funcional de la conducta o bien, mediante un análisis topográfico de las conductas problema. Este último se divide en tres sistemas que se identificaran de acuerdo a distintos discursos del paciente:

Análisis topográfico de la conducta problema	
Elemento	**Discurso**
Sistema motor	"Ya no puedo realizar las actividades que disfrutaba"
Sistema cognitivo	"Todo lo que haga sé que va a salir mal"
Sistema fisiológico	"He tenido problemas para conciliar el sueño"

Escalas de evaluación: existen distintas escalas, tato específicas para el TEP como complementarias, por ejemplo, está la Escala de Gravedad del Trastorno de Estrés Postraumático (EGS), la Escala de Inadaptación (EI), el Inventario de Ansiedad Estado-Riesgo (STAI), el Inventario de Depresión de Beck, el Cuestionario de Personalidad Big Five (BFQ), el Inventario de Estrategias de Afrontamiento (CSI), la Escala de Estrés Traumático Secundario, la Escala de Gravedad de Síntomas Revisada (EGS-R) y por supuesto, la Escala Rosenberg para evaluar el autoestima de los consultantes.

Métodos psicoterapéuticos en TEP. Susana Amodeo Escribano (2011) describe una metodología cognitivo-conductual de intervención en seis fases:

1. Establecimiento de la alianza terapéutica
2. Comprensión del consultante de su sintomatología
3. Estabilización y autodominio
4. Superación del miedo a los recuerdos traumáticos
5. Reestructuración cognitiva de los esquemas disfuncionales relacionados con el trauma y cambio asertivo
6. Exposición a experiencias reparadoras.

En relación a la alianza terapéutica, podemos entenderla como el vínculo que se establece entre el consultante y el terapeuta, es resultado de fortalecer la confianza entre ambos a partir de la empatía y del respeto mutuo. La segunda fase implica otorgar información al consultante sobre el origen de sus síntomas asociándolos al conflicto psíquico derivado del evento de crisis. El terapeuta se puede apoyar de literatura semi especializada e incluso, algunas novelas en donde se manifiesten dichos síntomas, así el usuario podrá reflejarse en el material, resultándole más sencillo comprenderse.

En la tercera fase, la validación de emociones es pieza angular del trabajo subsecuente, ya que es imposible controlar algo que en un primer momento no comprendemos y que, además, rechazamos. Se podrá trabajar algunas imaginaciones guiadas o técnicas hipnóticas para desarrollar seguridad y autoconfianza, además, para la sensación de control la autora también propone utilizar técnicas de **reducción de la activación** tales como la respiración diafragmática, la relajación muscular progresiva, técnicas de meditación o entrenamiento autógeno.

Para la superación del miedo se puede utilizar la **Terapia de Exposición Prolongada** que ayuda a enfrentarse a aquellos recuerdos que regularmente el consultante bloquea para evitar el sufrimiento de revivificar las escenas del evento de crisis, lo cual termina en una reducción de los síntomas.

En la quinta fase, Susana Amodeo nos refiere que "Los esquemas acerca de uno mismo y del mundo relacionados con el trauma determinan la forma de sentir y actuar, más aún si el trauma ocurrió en edades tempranas de la vida de la persona". De todas estas ideas que configuran los esquemas se desprenden pensamientos y sentimientos autoimpuestos que causan conflicto interno y en la relación con los demás, tales como culpa, remordimiento, desvalorización o baja autoestima. Para ello, el modelo de **Terapia Racional Emotivo-Conductual** resulta muy útil para la desestructuración de ideas no funcionales y su subsecuente integración de parámetros cognitivos más saludables.

Por último, la exposición a experiencias reparadoras involucra por un lado fortalecer vínculos sociales y activar las nuevas habilidades del consultante, para ello, habremos de preguntarle al consultante de sus motivaciones, sus metas o incluso, aquellas cosas que dejó pendientes en su pasado y que le gustaría retomar, tales como aprender un nuevo instrumento, una habilidad técnica, artística o incluso, generar algún tipo de entregable como un libro. También algunas personas comienzan a dirigir grupos de ayuda a personas con dificultades similares o a ejercer voluntariado en agrupaciones de la sociedad civil.

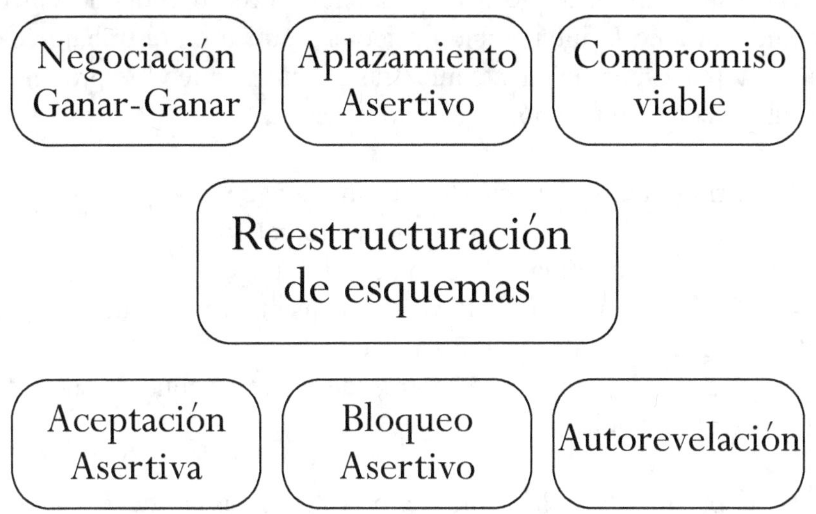

Técnicas complementarias: entrenamiento en control de la respiración, relajación muscular progresiva tipo Jacobson, autorregistros, parada de pensamiento, autoinstrucciones y autorrefuerzo, reestructuración cognitiva, inoculación del estrés, exposición encubierta a través de aproximaciones sucesivas, exposición en vivo o autoexposición, potencialización de la resiliencia.

Arteterapia

El símbolo fue nuestro primer lenguaje, el dibujo y el cerebro se fueron especializando conforme pasaban los siglos hasta que llegamos a las representaciones especializadas del mundo y a las conceptualizaciones complejas en torno a lo que llamamos arte. Sin embargo, la arteterapia no solamente se enfoca en el uso del dibujo o las artes plásticas para el trabajo con el trauma psíquico, podremos ocupar estrategias de teatro o cualquier tipo de expresión corporal, la ópera y todo el abanico de expresiones musicales e incluso, el desarrollo de documentales son herramientas que podremos ocupar para desencadenar la integración de recursos a partir del evento de crisis.

En este sentido, Jorge Marugán Kraus (2016) propone cinco tiempos durante la intervención psicoterapéutica en el trabajo con psicotrauma, específicamente mientras el consultante va expresando su subjetividad en relación al evento de crisis.

1. Primer tiempo: impacto y destitución subjetiva
2. Segundo tiempo: el atravesamiento del dolor
3. Tercer tiempo: la extracción del dolor
4. Cuarto tiempo: articulación del discurso y velamiento del dolor con la imagen de psicoterapeuta
5. Quinto tiempo: acto de corte, caída y reintroducción del dolor como objeto velado.

En la primera fase, la figura del psicoterapeuta no tiene función alguna pues "La destitución subjetiva producida por el impacto no deja lugar al otro, al vínculo terapéutico... Quizá es uno de los momentos más desoladores y difíciles de soportar para el propio psicoterapeuta: ocupar un lugar en el que no hay lugar".

En el segundo tiempo, ante la presencia del dolor la función del psicoterapeuta es la de posibilitar la expresión del dolor, incluso la de "Soportar su propia angustia, esperar, acompañar, dar tiempo..." (pág. 350).

En relación al tercer tiempo:

"Sólo cuando el atravesamiento, el ahogo, llega a su punto límite, el dolor, convertido en objeto asfixiante, se expulsa y surge el grito audible, el llanto o el lamento parcialmente desarticulado. La expresión de dolor, entonces, se materializa y puede ser escuchada aún antes de portar sentido. Toma así una forma de llamada, de demanda dirigida a alguien y conlleva, por tanto, la posibilidad de establecer un vínculo... La función del psicoterapeuta aquí se sostiene en la escucha y el silencio. Su presencia requiere dar consistencia y límite a la llamada desesperada, a esa demanda desarticulada y naciente del sujeto... Muchos psicoterapeutas utilizan indiscriminadamente técnicas que corresponden exclusivamente a esta fase. Lo que llamamos 'técnicas de apoyo, refuerzo y contención' que podrían incluir frases como 'sé que es muy duro...'... Este tipo de intervenciones pueden ser útiles en este momento para reafirmar la escucha, pero son inútiles o contraproducentes en el resto de las fases" (pág. 350).

Posterior a la materialización del dolor, la expresión del consultante se torna en discurso articulado, cargado de elementos introspectivos, aquí podemos encontrar frases que reflejan el esfuerzo interno por tocar las fibras que detonan la sintomatología de crisis, no es el discurso vacío y superficial de la primera etapa y "Esta fase puede alargarse mucho en un tratamiento y tendrá características y consecuencias importantes. Conllevará el surgimiento de un sujeto en el que el dolor irá dejando progresivamente lugar al deseo. Primero, deseo de hablar, de buscar sentidos... [y] Segundo, deseo de establecer un vínculo, una relación que canalizará el dolor" (pág. 351). Así, la función de psicoterapeuta es facilitar un discurso de sentido, en donde podrá clarificar los elementos oscuros, desvelar los ocultos, confrontar consecuencias de sus actos con los objetivos de vida planeados, complementar ideas, establecer conexiones entre los distintos contenidos del consultante, así como focalizar la atención del trabajo terapéutico en lo importante y no en lo accesorio.

Por último, en el quinto tiempo, el acto de corte implica "Un acto que manifiesta un deseo decidido por parte del terapeuta de cortar el discurso que perpetúa lo imaginario" y que se puede realizar en dos vías posibles:

"1º. La intervención del psicoterapeuta basada en el sinsentido, la extrañeza o el equívoco. Intervención que no instaura un saber sino que introduce un enigma, una suspensión del sentido en el discurso del paciente y cuestiona toda suposición previa de saber. Resulta difícil ejemplificarlo porque el efecto de ruptura depende del momento y la singularidad de cada caso y no puede entenderse simplemente por el dicho en sí que lo provoca, y menos por su sentido aparente. En el discurso de un paciente, por ejemplo, cuando se refería a sus amigos utilizaba cada vez la fórmula: 'mi amigo Pepe (o Juan o el que fuera) ... ', es decir, reafirmaba la condición de amistad cada vez, a pesar de ser suficientemente conocida esa relación por el terapeuta. Una intervención del tipo: -siempre repite "mi amigo...", puede provocar el efecto de ruptura, constituiría un decir con la dimensión de un acto. O ante el relato de una mujer que cuenta las discusiones, enfados y castigos que se suceden en la relación con su hijo de 10 años y que consumen todo su tiempo, surge: 'parece una discusión de novios'. Este tipo de intervenciones no se preparan, no se piensan, no funcionan por su sentido obvio, a veces una tos o un gesto del terapeuta (por ejemplo un atisbo de bostezo o de sonrisa) tienen ese mismo efecto. No se pueden anticipar, se detectan porque también en el propio terapeuta retumba esa caída del escenario y porque darán paso a un nuevo proceso de elaboración.

2º. Una intervención en la que se realiza el corte efectivo e inesperado de la sesión de trabajo con el paciente. Acto de corte que interrumpe el discurso del sujeto en la sesión que en ese momento está basado en la inmediatez y lo suspende abriendo un tiempo de elaboración fuera de ella, posponiendo la resolución del enigma planteado" (pág. 352).

Estas fases descritas, podrán repetirse varias veces a lo largo del proceso terapéutico, en cada ocasión se reinterpretará de distinta forma el trauma, permitiendo la integración desde distintos ángulos en la estructura psíquica. En esta línea, Jorge Marugán plantea algunas consideraciones respecto al trauma psíquico que nos ayuda a comprender aún más las etapas:

1. "El trauma psicológico tiene un efecto de destitución subjetiva, de suspensión de la afectividad, e incluso de la identidad del sujeto, un efecto de colapso en sus funciones", algo que en algunos cuadrantes podrían llamar despersonalización o disociación, esto permite "defender al ser frente al trauma, preservar la supervivencia individual sacrificando una parte de la propia vida" como cuando alguien se encuentra atrapado a una trampa de oso, y piensa que la única forma de salir es cortándose el pie.

2. "Los efectos del impacto traumático no se pueden predeterminar", lo cual es sustento de tener una gran diversificación de estrategias y metodologías de intervención toda vez que no convendría "diseñar modelos de intervención terapéutica rígidos o preestablecidos, [ya que] cada sujeto precisa su propio tiempo de elaboración".

3. El dolor es una manifestación en el límite entre lo físico y lo psíquico, implica ambos registros diluyendo sus fronteras.

4. "La huella traumática hunde sus raíces en el aparato psíquico produciendo manifestaciones de angustia ante situaciones que pueden no estar directamente asociadas al trauma y que se imponen repetitivamente" (pensamientos intrusivos, flashbacks, sueños y pesadillas, etc.).

5. El evento de crisis se integra a la subjetividad del individuo a partir de su propia historia y sale a relucir a través de su discurso.

6. "Una parte del trauma se mantiene como tal, persiste como un agujero más allá de la palabra y el sentido; más allá de la posibilidad de transcribir completamente la marca dejada en el plano del lenguaje" (pág. 346).

Dentro de las conceptualizaciones de José Marugán en torno a los mecanismos psíquicos del trauma hay uno de gran relevancia y es que el niño durante su desarrollo psicológico, utiliza el juego para ir comprendiendo y adentrando al mundo, así lo juegos repetitivos son una forma de que su mente integre todos los elementos que le causan ansiedad del mundo adulto. Así, el autor menciona que "La repetición de lo que se 're-presenta' implica un intento de escribir el trauma en la historia del sujeto. Se repiten elementos que intentan significar, escenificar, simbolizar, dar sentido al trauma. Son repeticiones que abren interrogantes, que tienden a ir modificándose, afectadas por el tiempo o el proceso terapéutico" (págs. 347-348).

La sintomatología, es decir, las pesadillas, los flashbacks, las somatizaciones y demás intrusiones características de los trastornos de estrés agudo y postraumático, cumplen una función psíquica de comprender el evento e integrarlo de alguna forma en la gran maraña de experiencias que el consultante ha tenido a lo largo de su vida. Por lo tanto, en sesión podremos utilizar todos esos síntomas a nuestro favor y redirigirlos para que la integración se vuelva más eficiente, ya que algo que caracteriza la presencia de esos elementos es el rechazo por parte del individuo, quien los aparta y trata de mantenerlos lejos de sí, lo cual resulta normal, sin embargo, causa conflicto, pues es difícil manipular algo que está fuera de nuestro alcance.

De aquí podemos mencionar el trabajo tan interesante con los sueños que nos propone la gestalt y que hemos analizado en momentos anteriores, aunque también, desde del trabajo con el arte, podemos reinterpretar el evento de crisis a partir de actividades muy creativas que estimulen la resiliencia tanto en niños y adolescentes como en adultos.

En este sentido, Marta Lage de la Rosa y Laura Sánchez (2021) describen una estrategia teatral inclusiva para la gestión del miedo en la recuperación del trauma, el cual han trabajado en su taller Vertebradas Artes Escénicas. En su investigación resaltan la importancia del cuerpo como fuente de información, así como la conexión con otras personas pues "el ser humano traumatizado se recupera en un contexto de relaciones con otras personas por que proporcionan seguridad física y emocional. Se necesita (re)conectar con los demás. La presencia de otras personas y el contacto físico, los vínculos de apego, son nuestra mayor protección contra una amenaza" (Lage de la Rosa & Sánchez, 2021, p. 161).

La técnica utilizada por las autoras se denomina **Teatro de la experiencia**, denominación tomada de la obra de Norbert Servos (2017), *Pina Bausch, danza-teatro* y recupera la idea de que el cuerpo es "transmisor de experiencias vitales" (p. 162). Para ello se utilizan disparadores tales como la música, distintos colores, textos y objetos diversos. Los pasos a considerar en la metodología son:

1. "Conexión con el estar aquí y ahora. Propiocepción del cuerpo: conciencia del apoyo de las plantas de los pies sobre la tierra, de la fuerza de gravedad y de la respiración.

2. Este registro lleva a un estado de serenidad y autoconfianza. Baja la intensidad del ruido mental y lleva la atención a las

percepciones sensoriales. Como consecuencia, bajan el nivel de auto-juicio y el temor…

3.   Dicho estado de conciencia permite confiar a su vez, en un otro que se encuentra en la misma situación. Planteamos dinámicas en pareja, donde se verán implicadas la confianza, el cuidado, el respeto y la entrega.

4.   Se ampliará esta confianza al resto del grupo. A esa altura, cada persona sabe que puede confiar en las demás y que cuenta con un entorno seguro para expresarse.

5.   Se proponen ejercicios con los disparadores mencionados (música, objetos, etc.), que apuntan al plano sensorial e imaginativo. El estado de entrega y sensibilidad en el que se encuentran las personas en ese momento, les permitirá sumergirse, sin pensarlo, en zonas más profundas. La dinámica propuesta tenderá a la expresión creativa y liberadora sin ningún fin de resultados específicos.

6.   Naturalmente aparecerán imágenes movilizadoras que nos pueden confrontar con esos miedos y cuya intensidad dependerá de la densidad o grado de ocultación de los mismos y la profundidad a la que se acceda; al mismo tiempo, surgirán imágenes sensibles y poéticas que sorprenderán gratamente.

7.   La experiencia se vive como un hecho liberador y creativo que aporta el beneficio de la autorrealización y la auto-afirmación" (pp. 164 y 165).

El teatro de la experiencia puede tomar distintas inspiraciones literarias y combinarlas con danza, pintura o collage, por ejemplo, Marta Lage de la Rosa y Laura Sánchez tomaron como inspiración el capítulo de los molinos de viento de Don Quijote de la Mancha de Miguel de Cervantes y en sus expresiones corporales trataron de responder a la pregunta ¿Qué pasaría si un día dejáramos atrás todo lo que conocemos e iniciar una gran aventura? Y ¿qué herramientas tendríamos para luchar con nuestros gigantes molinos de viento (miedos) que tenemos en nuestras cabezas?

Así, la estrategia es completamente liberadora y potencializa los recursos internos de los consultantes, esto viéndolo desde un ambiente clínico en consultorio, el terapeuta puede retomar algunos principios para solicitar al consultante que con su cuerpo libere sus miedos, simulando la recreación de alguna escena literaria de las grandes obras universales o incluso, una que el consultante haya desarrollado, un cuento fantástico creado por el/ella y que refleje su conflicto interno.

Los resultados de esta metodología son muy prometedores en el trabajo con el trauma psíquico, recordemos que su enfoque es inclusivo, y aquellos facilitadores con diversidad funcional manifiestan recuperar el control al ser quienes dirigen al grupo para aportar conocimientos teatrales, también aparecen sentimientos de empoderamiento al vencer la timidez inicial y la aparición de una sensación de libertad. De igual forma, en lo general, utilizar el cuerpo como forma de expresión permite "apagar" momentáneamente la lógica y los pensamientos rumiantes para dar paso a la conexión con sensaciones profundas, incluyendo a las dolorosas, derivadas de los eventos de crisis.

De igual forma, podemos explotar otras herramientas arteterapéuticas y en este momento, hablar del documental resulta pertinente, la Doctora Sandra Carolina Patiño Ospina y sus colaboradores (2021) trabajan una metodología para la recuperación psicosocial de víctimas del conflicto armado en Colombia.

Las guerras son problemas psicosociales que afectan una gran cantidad de derechos humanos, dejando miles y millones de víctimas por situaciones como el desplazamiento forzoso, la tortura, el homicidio o el desamparo a niñas, niños y adolescentes, lo cual puede dejar múltiples secuelas traumáticas que van desde la sintomatología de estrés postraumático o problemas más graves de carácter psicótico.

En este discurso el género documental tiene múltiples beneficios, en primer lugar, permite la construcción de una narrativa histórica de un pueblo azotado por este conflicto y a nivel individual, "les ha permitido a las víctimas ser escuchadas, expresar lo que sienten y de alguna forma exteriorizar su dolor como catarsis cuando no logran ser reconocidas de la misma manera en otros espacios" (Patiño Ospina et al, 2021, pág. 56).

En el **documental terapéutico** aparecen las tres etapas de la psicoterapia de crisis, la comprensión del evento sucede al relatarlo a la luz de un contexto posterior, en donde sobrevivir ya no es lo fundamental, se analiza bajo otra mirada, lo que da pie a la segunda etapa de reinterpretación en la cual, al sentir el acompañamiento y la empatía de los involucrados comienza a resignificar el evento, activando las habilidades resilientes y empoderando al individuo.

Así la fase de aprovechamiento se integra como un recurso de empoderamiento.

Al recorrer este ciclo, el individuo va pasando de una sensación de víctima a la de sobreviviente, permitiendo la modificación o disminución de los síntomas y la subsecuente resolución del trauma. En este tipo de estrategias es común escuchar frases como *"Tengo el poder de expresar y hacer que los demás escuchen mi sentir" "Ahora comprendo lo que hay dentro de mí y que me permitió seguir viviendo",* pero para que esto suceda, deben establecerse algunas directrices:

1.　Los involucrados habrán de estar capacitados en escucha activa y tener adecuadas habilidades empáticas.

2.　Tener en el equipo a un profesional de la psicoterapia que sepa intervenir en crisis (en caso de que este profesional no sea quien lleve a su cargo el proyecto)

3.　Entender bajo qué modalidad está el participante dispuesto a colaborar (anónima, en compañía, etc.)

4.　Permitir a la víctima revisar el material final.

Retomando la metodología de la Dra. Patiño Ospina y sus colaboradores (2021), en un primer momento se habrá de desarrollar espacios (talleres o seminarios) en donde se reflexiones las funciones y principios del documental terapéutico a fin de que los involucrados estén capacitados para dignificar la experiencia de los sobrevivientes.

Derivado de estos espacios, desarrollaron la metodología de cuatro ejes temáticos: (1) acercamiento inicial sin cámaras, (2) entrevista con cámara, (3) aportes para trascender el dolor y (4) procesos de recuperación psicoemocional.

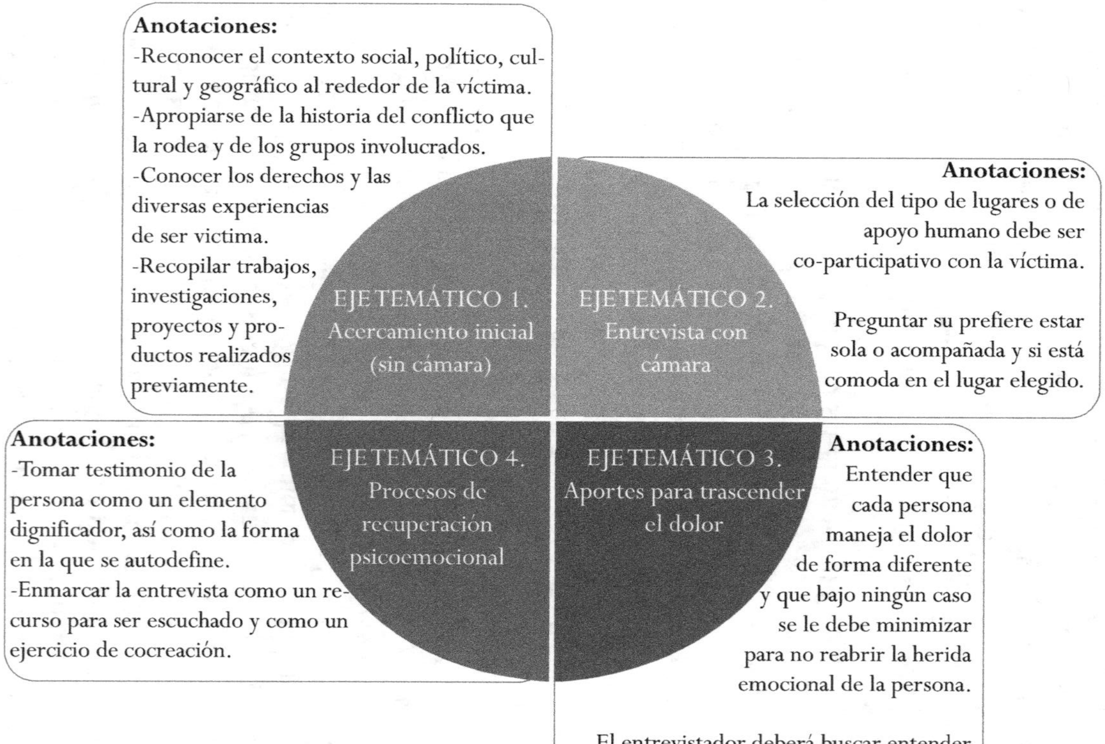

Desarrollado a partir de: Patiño Ospina, S. C.; Forero Machado, S. A.; Alba Sanabria, B. H.; Carrero Montealegre, C. P. (2021).

Estos cuatro ejes temáticos se desarrollan en dos fases: (I) Fase de preproducción y (II) fase de producción, en ambas hay sugerencias que los autores recomienda para realizar un trabajo realmente terapéutico en el desarrollo del documental.

Fase de preproducción:

1. "Contar con conocimientos sobre el reconocimiento de los derechos y la reglamentación vigente… y las capacidades básicas en el plano psicoemocional…
2. Disponer tiempo en la inmersión de la vida cotidiana de la comunidad del entrevistado.
3. En un primer encuentro, en aras de ir construyendo lazos de confianza, el realizador debe hacer una presentación personal clara sobre sí mismo y sobre las intenciones de la entrevista, su resultado y su alcance.
4. La primera conversación debe ser informal, si bien se deben llevar preguntas preparadas no deben existir formatos para la recolección de información. Ojalá este diálogo suceda en un espacio privado o familiar para la víctima en el que se sienta cómoda y produzca un acercamiento más humano.
5. Luego de la primera conversación, es oportuno brindar información al entrevistado en temas relacionados con la producción periodística o audiovisual.
6. En próximos encuentros, se pueden realizar preguntas abiertas que permitan al entrevistado contar sus experiencias libremente de manera que se sienta escuchado, conversar en torno al sentir y no tanto en los hechos y ojalá ayudarle a trascender el dolor" (pág. 61-62).

Fase de producción:

7. "Concertar un lugar seguro y cómodo para la víctima. Utilizar un lenguaje incluyente y respetuoso refiriéndose al entrevistado por su nombre, evitando categorizarlo con el empleo de términos como

'desplazado', 'guerrillero' o 'paraco'. Permitir, si es su deseo, la inclusión de objetos que le ayuden a evocar recuerdos.

8. Definir un enfoque narrativo adecuado. No se recomienda centrarse únicamente en el dolor y la violencia vivida, ni desde una postura de pesar. Se puede también hablar del futuro, las esperanzas, los retos y otros temas que alienten a pensar en lo que vendrá.

9. Primar la ética y el respeto por el otro. Utilizar la sutileza a fin de identificar los momentos oportunos para preguntar algo en específico.

10. Optar por una narración de lo general a lo particular. Realizar preguntas abiertas que motiven una conversación más fluida **respetando los silencios** de su relato sin interrumpir su narración para que ello la motive a hacer recorridos por lugares determinantes en su historia.

11. Explorar la entrevista como un espacio de expresión. Si la víctima desea hacerlo durante la entrevista, no hay que detenerla ni consolarla, solo darle el espacio para que exteriorice su dolor, aunque también habremos de comprender que todos expresamos el dolor de distinta forma, no podemos evaluar el dolor por la aparición o ausencia del llanto.

12. Reflexionar sobre preguntas pertinentes y no pertinentes a realizar.

El siguiente cuadro nos otorga algunas preguntas que podemos utilizar durante la entrevista, sin embargo, no es una regla base, al final, como las autoras mencionan, es importante ir adecuándolas a partir de nuestra suspicacia y empatía, evitando así una revictimización o procurando un buen resultado.

Banco de preguntas para la entrevista en el documental terapéutico (Patiño Ospina, S. C.; Forero Machado, S. A.; Alba Sanabria, B. H.; Carrero Montealegre, C. P., 2021).	
Preguntas iniciales	Nombre, edad, lugar y fecha de nacimiento, ¿qué recuerdos alegres tiene de su infancia y adolescencia?, ¿qué ama en la vida?, ¿qué lo motiva y emociona como ser humano?, ¿a qué se dedica?, ¿qué hace en sus días libres?, ¿qué actividades le gusta hacer?, ¿cómo se define como persona?, ¿qué talentos cree que tiene?, ¿qué le gustaría estar haciendo en el futuro?
Preguntas complejas	¿Hay alguna situación en particular que haya marcado su vida que quiera compartir?, ¿siente que está preparado/a para hablar de esa difícil situación?, ¿Qué ha sido lo más difícil o complejo de esa situación?, ¿Cómo ha sobrellevado su situación?, ¿hay algo que quisiera recomendar a las personas a quienes les haya sucedido algo similar?, en medio de la dificultad, ¿siente que ha logrado salir adelante?, ¿en qué aspectos o áreas de su vida?, ¿cosas sencillas que lo hacían sentir motivado y con ánimo, han cambiado desde aquella época?
Preguntas esperanzadoras	Son cuestiones relacionadas con los deseos, recuerdos o motivaciones que tiene la persona en su vida, preguntarle por ello es animarlo a superar la dificultad, a ser consciente de las razones para superar los hechos difíciles y continuar adelante: ¿Cree que contar lo que le sucedió puede ayudar a otros a superar situaciones similares?, ¿hay algo que le gustaría hacer por otras personas que hayan vivido o estén viviendo su misma situación?, pese a las circunstancias ¿qué sueños tiene aún por cumplir y cómo cree que puede alcanzarlos en el futuro?, ¿cree que otras generaciones encontrarán un país con menos actos de violencia?, ¿qué considera que deben hacer los habitantes de este país para respetarse y salir adelante?
Preguntas a evitar	¿Pudo evitar la tragedia?, ¿Usted por qué no hizo nada?, ¿Cuál es su dolor por la pérdida de su familiar?, ¿Ya lo

Para concluir, recomiendo a los lectores analizar distintos trabajos documentales que tengan como objetivo la revelación de acontecimientos de naturaleza traumática a fin de que estimule su habilidad empática y en alguna medida comprenda las bases técnicas para el desarrollo de la técnica documental y a final de cuentas, recordemos que en realidad no buscamos ganar un premio con esto, sino permitir el registro histórico y la resignificación del evento de crisis, así que utilicen los recursos que tengan, lo cual es uno de los objetivos de la arteterapia.

Recurso audiovisual:
DW Documental (Enero 26, 2023) Experimentos médicos en Auschwitz.

Hipnosis Clínica

La hipnosis se puede definir desde dos aspectos, primero, como un estado natural de conciencia y segundo, como una herramienta que busca desencadenar estados alterados de conciencia, desde esta última conceptualización debemos hablar propiamente de **hipnosis clínica**, la cual, como menciona Arnoldo Téllez, debe estar enmarcada dentro de un marco teórico más complejo, tal como el Cognitivo-Conductual, la Gestalt o el más común, el modelo ericksoniano.

En la relajación de las barreras del consciente, durante la hipnosis podemos "distraer" todos esos mecanismos que evitan que comprendamos los orígenes de un conflicto interno o interaccional y así, en ese estado de introspección profunda podemos generar estrategias de resolución de conflictos, incluyendo la resignificación de eventos de crisis.

Es común el empleo de metáforas para establecer comunicación con el inconsciente del consultante, esta parte simbólica de nuestra mente se entiende como una entidad "muy sabia" que nos conoce perfectamente porque ahí está el depósito de todas nuestras experiencias, son las neuronas que no hemos activado desde hace tiempo y que alojan recuerdos de todas las estrategia que hemos utilizado a lo largo de nuestra vida para resolver conflictos, ahí están los recursos internos necesarios para resolver nuestros traumas.

En esta sección analizaremos distintas estrategias de trance hipnótico que el terapeuta podrá utilizar para facilitar la tríada comprensión-reinterpretación-aprovechamiento y procurar la resignificación de los eventos de crisis.

En el Instituto de Investigación en Psicología y Psicoterapia de México enseñamos a utilizar la hipnosis para los distintos problemas psicológicos con una metodología propia y bien definida, sin embargo, si no se tiene la formación, las siguientes técnicas se pueden utilizar bajo una modalidad de imaginación guiada, en un ambiente controlado, con los ojos del consultante cerrados y con una postura que impida que se caiga cuando se relajen sus músculos.

Podrán solicitarle que concentre su atención en su respiración y así en ese estado de relajación, podrán ir desarrollando las siguientes metáforas, las cuales están cargadas de sugestiones, que es la base de la llamada hipnosis ericksoniana.

Técnica de hipnosis: desenterrando tesoros

Me gustaría que en este momento, en este estado de relajación te imagines que te encuentras en un bosque... un bosque verde, lleno de arbustos que tocan ligeramente tu rodilla, con grandes árboles que permiten la entrada de solo algunos rayos de la luz del sol... hueles su aroma y sabes que la noche anterior lloviznó porque su ambiente se siente fresco, lleno de vida, te acercas a un pequeño árbol y tocas la textura de sus hojas... sientes la frescura pasar por todo tu cuerpo, llegas a pensar que resulta muy agradable estar ahí, en calma.

Decides caminar... explorar ese bosque y encontrar aquello que está oculto entre sus árboles, porque en todos los lugares del mundo hay cosas que están cubiertas... porque si no el mundo perdería lo más interesante que tiene... los misterios... así, que sabes que en este bosque hay un tesoro listo para ser descubierto.

Sigues tu intuición y caminas segura(o)... mientras lo haces, sigues apreciando el lugar, protegidamente tocas un gran árbol, es el árbol más grande que has visto en tu vida, sabes que ese árbol te conoce y de alguna manera tú también lo conoces, su tronco es sólido, firme, pero también es flexible cuando es necesario, de lo contrario se quebraría con las ráfagas de viento... también sabes que ese árbol es muy sabio, ha pasado mucho tiempo en este mundo, ha tenido muchas experiencias, posee los conocimientos de aquellos árboles que lo rodeaban y que ya no están, así como de los que lo rodean actualmente, por lo que es exageradamente sabio.

En un momento inesperado, sientes como el árbol trata de comunicarse contigo, al principio no lo entiendes, así que decides silenciar por un momento todo lo que hay a tu alrededor, silencias el canto de los pájaros, el sonido de las hojas rozar con el viento, lo silencias todo… cierras tus ojos y sientes únicamente el roce de tu mano con el árbol… y así en este estado, escuchando tu interior, entiendes lo que dice, con su voz suave y cálida, lo entiendes claramente… es una frase de un libro muy antiguo… "solo con el corazón se puede ver bien, lo esencial es invisible a los ojos…

Tranquilamente, vuelves a escuchar a tu alrededor, los sonidos que te regala el bosque, sientes nuevamente la frescura del ambiente, escuchas el canto alegre de los pájaros y sientes ahora una ligera ráfaga de viento con ligeras gotas de lluvia sobre tu rostro, gotas que guardaban las hojas de los árboles, y ahí, protegidamente, decides volver a caminar, acaricias por última vez ese gran árbol, dándole las gracias de la forma que tú prefieras, por sus humildes y agradables palabras.

Sigues caminando, sigues a tu intuición nuevamente, disfrutando del paisaje, ahí adentro, entre los árboles, encuentras una zona llena de flores, flores de muchos colores, rojas, azules, amarillas, violetas, rosas, carmesí, son demasiadas y sabes que están ahí para ti, para cuando necesites una de ellas, para enamorar al mundo de tu existencia… caminas lentamente entre ellas, sus pétalos rozan todo tu cuerpo, aún con tu ropa sientes sus hojas, pétalos y tallos brincar por toda tu existencia mientras caminas.

Poco a poco sales de su zona, pero sabes que estarán ahí cuando las necesites, así que sigues tu camino, en completa confianza, recordando la mezcla de hermosos aromas que emiten al mundo y a tu vida.

De repente, de una u otra forma, sabes que has llegado a tu destino, te detienes y observas el paisaje, es una zona ligeramente más oscura que las demás, el canto de los pájaros *no se escucha, miras hacia arriba y te das cuenta que al sol le cuesta más trabajo introducir sus rayos para alumbrar, no importa, sabes que el mundo puede tener ese tipo de zonas, pero que aun así son parte de él y lo aceptas.*

Decides sentarte, tocas la tierra del bosque y la sientes fresca, ves a tu alrededor y no encuentras peligro alguno, así que decides relajarte, disfrutar de esta zona distinta del bosque, juegas con la tierra, tomas un puño y sientes como se desliza entre tus dedos para caer nuevamente en la tierra, de repente tu intuición te dice algo que no logras comprender muy bien, así que cierras tus ojos nuevamente y escuchas... llega a tus oídos las palabras de aquel árbol "solo con el corazón se puede ver bien, lo esencial es invisible a los ojos", así que escuchas a tu corazón, a tu alma, y protegidamente entiendes lo que tu intuición te dice "cava" ¿cava? No lo comprendes al principio, así que observas a tu alrededor nuevamente y no encuentras un punto que cavar, ni una pala, o algo que te dé una mayor explicación, así que simplemente decides cavar, confías en tu intuición, en tu inconsciente, te hincas ahí mismo donde estabas sentado y le ordenas a tu cuerpo, a tus hombros, a tus brazos y a tus manos cavar.

Cavas lentamente, protegidamente, la tierra que desplazas te da fortaleza para continuar, en algún momento te cansas, pero decides continuar, decides hacer caso a tu inconsciente y así, vuelves a recobrar fuerzas... de repente, entre la tierra se asoma algo, palpas y es una cosa de madera, un baúl, con mayor fuerza cavas hasta despejar aquel artefacto y efectivamente es un baúl, te sorprendes y te alegras porque el esfuerzo ha valido la pena, al mismo tiempo te preguntas ¿qué habrá ahí?... decides sacar el baúl... pesa, así que descansas un momento más, el trabajo de cavar fue laborioso, pero ahora tienes un baúl y tienes que sacar fuerza para sacarlo, así que descansas...

Lentamente, vuelves a recobrar el brío y todo tu cuerpo se estremece, te levantas, buscas un lugar de donde asir el baúl, lo encuentras, lo tomas con ambas manos y tiras con todas tus fuerzas, el baúl cede, primero lentamente y después tan fácil que tienes que modular tu fuerza para no caer, sostienes con ambas manos aquel gran baúl, lo arrastras hacia afuera y poco a poco lo dejas caer en la tierra, afuera del hoyo.

Descansas... tranquilamente observas aquel baúl, te das cuenta que tiene algunas inscripciones grabadas y notas tu nombre (X), te emocionas, de alguna forma sabes que ese baúl siempre te ha pertenecido, así que decides abrirlo, buscas el seguro y te detienes bruscamente, el baúl tiene un mecanismo de seguridad, necesita una clave para poder abrirse, por un momento te sientes triste, afligido talvez, pero recuerdas que ese gran baúl tiene tu nombre grabado, así que recobras ánimos, cierras nuevamente tus ojos, y detienes al mundo.

Buscas la clave, entre tus recuerdos, entre tus anécdotas, en tu historia, y poco a poco, identificas esa clave, se presenta ante ti, primero de forma borrosa, pero conforme te esfuerzas, se vuelve más clara, abres tus ojos e introduces esa clave en el baúl, cediendo, y abriendo su tapa, dejando ver lo que hay dentro de él.

Te asomas y ves un cristal, un cristal más bello que el diamante, lo tomas y te das cuenta que es de un material que conoces muy bien y de una u otra forma te das cuenta que ese objeto es lo que te hacía falta, que es algo que habías estado buscando y no lo podías encontrar y protegidamente este cristal comienza a responder ante tu tacto, comienza a brillar, del color que más te gusta, quiere introducirse en ti, quiere entrar a tu cuerpo, a tu mente, a tu vida y ser parte de ti, lo piensas un momento y decides aceptarlo.

Antes de entrar a tu cuerpo, el cristal se divide en dos, quedándose una parte en tu palma izquierda, mientras que la otra mitad comienza a fundirse saludablemente en por tu cuerpo, esparciéndose desde tus dedos a cada uno de los rincones de tu existencia, tu corazón, tus músculos, tu cerebro... permitiendo que tu vida crezca y se fortalezca con este nuevo recurso que has redescubierto.

Ahora, después de esta experiencia agradable, observas detenidamente el cristal que está sobre tu mano, piensas un momento… y decides colocarla en el baúl, le permites regenerarse y completarse nuevamente para que en el momento que la necesites otra vez, este completa… cierras el baúl, pero lo dejas a lado de un árbol, bajo su sombra, bajo su protección, y así, saludablemente, emprendes el camino de regreso, ahora renovado, lleno de vida, de salud, caminas completo, mirando nuevamente los paisajes a tu alrededor, agradeces a las plantas por permitirte verlas con toda su sabiduría y esplendor, te encuentras con aquella zona llena de flores, tus flores y agradeces por recordarte que están ahí para ti, caminas más y ves el árbol grande, ves su gran tronco, te acercas a él, lo abrazas y también le das las gracias por inundar tu vida de sabiduría, te despides de todos esos paisajes sabiendo que siempre estarán ahí para ti, para cuando los necesites y por esa razón, les agradeces nuevamente.

Ahora, con una sensación de tranquilidad y fortaleza, y con la idea de haber vivido una nueva y grandiosa experiencia, contaré y te irás ubicando nuevamente en tu aquí y ahora, abriendo tus ojos a tu ritmo y a tu tiempo 1… 2… 3… 4… 5… 6… 7… 8… 9… 10.

La técnica, en primera instancia, evoca las capacidades internas de la persona, trata de hacerlas conscientes mediante el simbolismo y haciendo que sea más fácil para el inconsciente "botar" los recursos que considere que necesita la persona. Durante la imaginación, vamos insertando algunos elementos que den fortaleza y sabiduría al consultante, alguna frase que puede ser cambiada de acuerdo al tema que se trate, de aquí la importancia de la lectura en el hipnoterapeuta. En lugar del cristal también puede ser un objeto que le agrade mucho a la persona, incluso un tótem, sin embargo, es vital mantener la noción de regeneración, para así activar los mecanismos internos de resiliencia, por ello, dejar una parte del objeto ahí en la mente inconsciente resulta muy efectivo.

El terapeuta podrá introducir los elementos necesarios que configuren un símbolo, por ejemplo, elementos de la vida del consultante que representen confianza, seguridad, amor propio, etc., los cuales seguramente habrán de ir apareciendo en el discurso en estado de vigilia. Por último, habremos de darnos nuestro tiempo mientras la aplicación de las técnicas de hipnosis, que, por el simple hecho de cambiar de estado de conciencia, el consultante sienta que puede haber algo mejor, así que simplemente tómense su tiempo.

Relajación profunda

Imagina que estás caminando por un sendero de arena suave. El sol brilla cálidamente sobre tu piel, pero hay una brisa fresca que mantiene la temperatura agradable.

Mientras sigues caminando, escuchas el sonido de las olas rompiendo suavemente contra la orilla. Finalmente, llegas a una hermosa playa. La arena es blanca y fina, y el océano se extiende ante ti, azul y vasto.

Te quitas los zapatos y sientes la arena cálida y suave bajo tus pies. Caminas lentamente hacia la orilla, disfrutando de la sensación de la arena entre tus dedos.

Te sientas en la arena cerca del agua, donde las olas acarician tus pies. Cierra los ojos un momento y escucha los sonidos a tu alrededor: el suave murmullo del mar, el canto lejano de las gaviotas y el susurro del viento entre las palmeras.

Abres los ojos y miras hacia el cielo. Ves un ave majestuosa volando con gracia sobre el océano. Observas cómo se desliza sin esfuerzo, aprovechando las corrientes de aire. Sigues su vuelo con la vista, notando cómo se mueve con libertad y tranquilidad.

Sientes una profunda calma y paz interior. La vista del ave te llena de una sensación de libertad y serenidad. El ritmo constante de las olas y la brisa suave contribuyen a tu sensación de bienestar. Todo en este momento es perfecto, y te sientes completamente en paz.

Antes de abrir los ojos, toma un momento para reflexionar sobre cómo te sientes. Nota cualquier cambio en tu cuerpo o mente. Disfruta de esta sensación de calma y tranquilidad.

Lentamente comienza a mover los dedos de las manos y los pies. Respira profundamente unas cuantas veces más y, cuando te sientas listo, abre los ojos lentamente. Lleva contigo la sensación de paz y serenidad mientras continúas con tu día.

Estrategia para las recaídas: metáfora del monte cambio

Es común que el consultante perciba como desastroso una recaída, sin embargo, es posible cambiar su mirada y percibirla como una oportunidad de crecimiento. La metáfora del monte cambio, propuesta desde el enfoque Cognitivo-Conductual por parte de Mark B. Sobell y Linda C. Sobell () ayuda a que el consultante comprenda que a veces, para alcanzar su objetivo tendrá que bajar para después continuar subiendo.

Así, la siguiente estrategia de hipnosis está basada en esa metáfora, complementando el trabajo cognitivo con el inconsciente, y ayuda a que la mente de la persona reestructure la recaída, entendiéndola como una oportunidad para autoconocerse y generar estrategias más fuertes ante las variables detonadoras de su problema.

Encuentra una posición cómoda y respira profundamente... Inhala lenta y profundamente, permitiendo que tu cuerpo comience a relajarse... Exhala suavemente, liberando cualquier tensión acumulada...

Respira una vez más, y mientras lo haces, dirige tu atención hacia cada una de las sensaciones presentes en tu cuerpo... Siente el peso de tus manos, la suavidad de tu rostro, la posición de tus pies en el suelo... Con cada respiración, permítete ser consciente de la posición de tu cuerpo, dejándote llevar por la tranquilidad que esto te proporciona.

Ahora, mientras voy contando, vas a ir accediendo a una parte sabia y profunda de tu mente, una parte que te guiará en este proceso de relajación y aprendizaje... Diez... Nueve...

Ocho... Siete... Seis... Cada número te lleva más y más profundo... Cinco... Cuatro... Tres... Dos... Uno...

Imagina ahora que te encuentras al pie de una majestuosa montaña... en lo alto de esta montaña, sabes que hay un recurso, un premio, algo que has anhelado durante mucho tiempo. Para alcanzarlo, necesitas subir... y para subir, necesitas herramientas... herramientas que representen las cualidades y recursos internos que posees.

Quizá visualizas unas botas firmes que te conectan con la tierra, dándote estabilidad y seguridad en cada paso... O tal vez ves unos guantes fuertes que te permiten aferrarte con confianza a las rocas, simbolizando la seguridad y determinación que tienes en tu interior.

A medida que te equipas con estas herramientas, comienza a subir la montaña, paso a paso... Notas que algunas partes del camino son resbaladizas, con piedras sueltas, pero tus herramientas te ayudan a encontrar el lugar firme para continuar ascendiendo.

Sigue avanzando, y si en algún momento sientes cansancio, permítete detenerte un instante... Respira profundamente, recobra energías, y cuando estés listo, continúa... porque sabes que en la cima de esta montaña te espera algo que cambiará tu vida.

En algún punto, el camino puede tener algunas bajadas... Pero en lugar de frustrarte, busca el punto clave que te permita hacer esa bajada lo más corta posible. Usa tus herramientas y tus recursos para mantenerte firme, evitando caer demasiado, y siempre recuerda que cada descenso es solo un momento temporal antes de volver a subir.

Con cada paso que das, te acercas más a tu objetivo... Puede que haya momentos de agotamiento, pero en esos instantes, respira hondo, relaja tus músculos... visualiza de nuevo ese trofeo, ese objetivo que te espera en la cima.

A medida que te acercas más a la cima, sientes cómo tu energía se renueva... Cada experiencia, cada paso, te ha for-

talecido y ahora te sientes más seguro, más fuerte y con mayor confianza para seguir adelante.

Finalmente, llegas a la cima... Allí, en tus manos, sientes ese trofeo, ese bienestar, esa satisfacción que has estado buscando. Respira profundamente, siente el logro en cada célula de tu cuerpo, y contempla el camino que has recorrido para llegar hasta aquí.

Te das cuenta de que cada desafío, cada obstáculo, ha sido una oportunidad para crecer, y ahora, en la cima, sabes que todo ha valido la pena.

Con esta sensación de plenitud, voy a comenzar a contar nuevamente, y con cada número te irás ubicando saludablemente en tu aquí y ahora... Uno... Dos... Tres... Cuatro... Cinco... Seis... Siete... Ocho... Nueve... Diez... A tu ritmo, cuando te sientas listo, abre los ojos y vuelve completamente al presente, sintiéndote pleno, íntegro y satisfecho con todo lo que has logrado.

Perspectiva a futuro: la bola de cristal (adaptación a la técnica de Milton Erickson)

Cuando evaluamos la perspectiva a futuro de las personas con algún trauma tendremos emociones asociadas como desesperanza, frustración o miedo, ya que esas perspectivas están llenas de imágenes catastróficas, en donde el consultante sigue teniendo el problema. Por lo tanto, la siguiente técnica tiene el objetivo de incrementar la posibilidad de resolución del trastorno emocional a partir de darle otra mirada más satisfactoria a su futuro y desencadenar la idea de que es posible vivir de otra forma. Siempre es posible algo mejor.

Y ahora, mientras cuento hacia atrás, te vas a sumergir en esa parte profunda y sabia de tu mente, en lo más profundo de tu inconsciente... 10... 9... 8... 7... 6... 5... 4... 3... 2... 1...

Ahí donde estás, por favor, imagina que te encuentras en una aldea, una aldea hermosa, rodeada de una naturaleza verde y llena de energía... Observa los árboles frondosos, las plantas llenas de vida, las rosas de colores variados que adornan el paisaje. Al mirar a lo lejos, percibes construcciones antiguas, como si estuvieras en un pueblo lleno de historia y misterios por descubrir.

Te acercas saludablemente a la aldea... al respirar profundamente recibes el aroma de distintos tipos de madera... pino, cedro, guayacán, sándalo. Te das cuenta de que, en este lugar, todo lo que parece imposible puede volverse realidad. Comienzas a explorar, caminando por sus senderos, absorbiendo la belleza y la serenidad que te rodea. A medida que avanzas, descubres una casa que llama tu atención, una casa que te resulta extrañamente familiar, como si la hubieras visitado en otro tiempo.

Esta casa, aunque antigua, tiene algo que te atrae poderosamente. Con una sensación de seguridad y protección, te acercas y tocas la puerta. Desde el interior, escuchas unos pasos acercándose lentamente, hasta que se detienen justo antes de que la puerta comienza a abrirse, emitiendo un leve chirrido.

Al abrirse la puerta, te encuentras con una anciana. Su rostro está marcado por arrugas... al verte, una sonrisa cálida ilumina su semblante, como si hubiera estado esperando tu llegada desde hace mucho tiempo. La anciana te invita a pasar, y sientes que este lugar es completamente seguro, un refugio donde puedes relajarte y explorar.

Al entrar, notas que las paredes están cubiertas de espejos, cada uno reflejando una etapa de tu vida. Uno muestra tu infancia, otro tu adolescencia, y otro tu adultez temprana... Cada espejo revela una parte de ti, como un recordatorio de tu camino recorrido.

Finalmente, llegas a una mesa en el centro de la habitación, una mesa redonda como las de los antiguos gitanos. En el centro de la mesa, hay una bola de cristal. La anciana se sienta en una silla cercana y te invita a hacer lo mismo. Mientras te acomodas, ella comienza a mover sus manos alrededor de la bola de cristal, emitiendo susurros de distintos ritmos.

De repente, en el interior de la bola, comienza a formarse un humo del color que más te gusta. Este humo se disipa lentamente, revelando una escena... Una escena de tu futuro, un futuro que aún no ha sucedido, pero que ahora se presenta ante ti.

Con curiosidad, te acercas a la bola de cristal y ves una versión de ti mismo, una versión completamente feliz, plena, y en paz. Sabes que los problemas han existido, pero en esta imagen, los has superado con fortaleza y sabiduría. A tu alrededor ves a personas disfrutando la vida contigo... en tu rostro hay una sonrisa... te das cuenta que es una sonrisa auténtica que procede de un sentimiento de libertad... y te preguntas cómo esta versión de ti ha llegado a ser tan feliz, tan completa.

En ese momento, tu inconsciente empieza a ofrecerte respuestas. Escúchalo atentamente... ¿Qué necesitas hacer para convertirte en esa persona que ves en la bola de cristal? Tu mente profunda tiene la respuesta, y está lista para revelártela.

Mientras tu mente trabaja, ves cómo disfrutas de la compañía de tus seres queridos, cómo te rodeas de amigos y de personas nuevas que aún no conoces. La casa en la que vives es cálida y acogedora, y en una repisa ves trofeos, títulos, y fotografías que celebran tus logros.

Así, tu inconsciente te deja una tarea, una tarea que te guiará hacia esa versión de ti mismo que has visto en la bola de cristal. Quizás sea un acto sencillo, como ver una película, abrazar a alguien querido, o elementos más complejos como perdonar a alguien... cualquier cosa que te acerque a esa versión feliz y realizada de ti... deja que tu mente se exprese.

Toma esta tarea, y a lo largo de la semana, complétala. Sabes que este es el primer paso hacia una nueva existencia, hacia un control renovado sobre tu vida.

Y ahora, mientras voy contando, regresa lentamente al presente, sintiendo una nueva energía en tu ser... 1... 2... 3... 4... 5... 6... 7... 8... 9... 10... A tu ritmo y a tu tiempo, abre los ojos,

El trabajo en vigilia involucra hacer consciente las estrategias arrojadas por el inconsciente de tal forma que se dejen tareas que completen el trabajo terapéutico, estas tienen que tener su origen en las propias ideas del consultante y eso involucra ir encontrando actividades que desencadenen nuevas experiencias enriquecedoras, pensamientos nuevos y sentimientos placenteros.

Activación y reforzamiento de la red de apoyo

En cualquiera de las modalidades de crisis, es indispensable contar con una red de apoyo sólida y efectiva. En lo general, todo ser humano es más fuerte entre mejores redes teja a su alrededor, por ejemplo, Raluca Maria Leonti y sus colaboradoras (2024) encontraron que tener una relación sentimental en jóvenes rumanos fue un factor de protección ante la desolación social que vivieron muchos estudiantes durante la pandemia de COVID-19, el mundo, incluyendo a los victimarios, entienden que resultará más complicado afectar a una persona con vínculos sociales fuertes que a una persona que no encontrará cobijo ni refugio en nadie más, por ello, las personas solitarias e inhibidas son blanco fácil de los victimarios, pues saben que su víctima no encontrará sustento más que en ellos mismos, como en los casos de violencia de pareja o familiar.

En el Instituto de Investigación en Psicología y Psicoterapia de México desarrollamos una estrategia fortalecimiento de redes basado en el ciclo vital de la experiencia gestáltico propuesto por Hector Salama, pues el ciclo nos facilita la comprensión a lo usuarios de las tareas a realizar para el desarrollo de sus conexiones sociales.

Ciclo de la experiencia gestalt

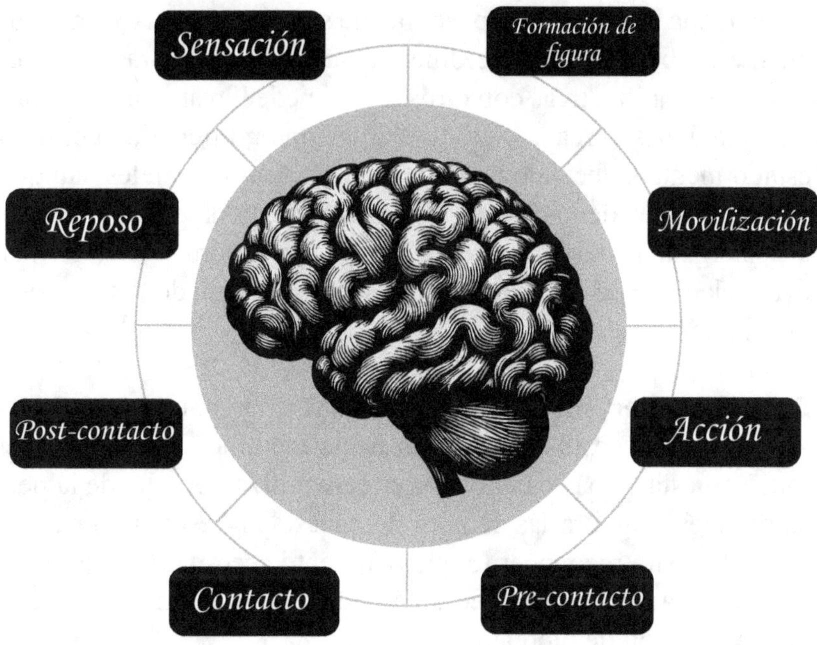

Fuente: Salama, H. (2006) TPG. *Manual del test de psicodiagnóstico Gestalt de Salama.* Instituto Mexicano de Psicoterapia Gestalt

Fase de reposo: es el punto de partida, donde la persona se encuentra en un estado de equilibrio y satisfacción tras haber satisfecho una necesidad anterior. Este estado es importante para poder iniciar un nuevo ciclo cuando surja una nueva necesidad. El bloqueo en esta fase se manifiesta como **postergación**, donde la persona evita o retrasa la entrada en reposo, manteniéndose en un estado de activación constante, lo que puede llevar a una falta de equilibrio y descanso.

Después de experimentar un trauma, muchas personas pueden quedar atrapadas en un estado de hiperactivación o alerta constante, este estado impide que la persona se permita descansar o recuperarse, ya que están constantemente anticipando una nueva amenaza o reviviendo el evento traumático. La postergación del reposo puede manifestarse como una incapacidad para desconectar, relajarse, o procesar lo que ha sucedido.

La persona, al evitar el reposo, puede sentirse agotada y emocionalmente desbordada, lo que dificulta su capacidad para mantener conexiones significativas con otros. Esto puede llevar a un deterioro en las relaciones cercanas, ya que la persona no tiene la energía o el estado mental adecuado para nutrir sus vínculos sociales, aunque también, después de un evento de crisis, la persona puede procurar una postergación del contacto social, ya que podría evitar formar nuevas relaciones o mantener las existentes por miedo a ser herida nuevamente.

Fase de sensación: es la fase en la que el organismo comienza a percibir una necesidad, pero aún no la identifica claramente. El bloqueo en esta etapa se denomina **desensibilización**, donde la persona bloquea o ignora las señales de necesidad, resultando en una incapacidad para reconocer lo que realmente necesita. Por ejemplo, alguien podría no sentir la necesidad de afecto o interacción social debido a este tipo de bloqueo.

Fase de formación de la figura: la necesidad se define y se convierte en una figura clara y objetiva en la mente de la persona. El bloqueo asociado es la **proyección**, donde la persona atribuye la necesidad a otros en lugar de reconocerla como propia. Esto impide que se forme una figura clara de la necesidad, ya que se externaliza en lugar de internalizarse.

En el bloqueo de la proyección no hacemos contacto con aquello que realmente necesitamos, sabemos que requerir hacer algo en nuestro beneficio o mejorar algo pero no lo hacemos propio, decimos frases a nuestros amigos como "necesitas mejorar tu vida" "tienes que cambiar de hábitos", etc., mientras que en realidad, a quienes realmente expresamos esa necesidad es a nosotros mismos, por ello el ejercicio está en **ubicar con el consultante aquellas frases que le dice a las demás personas con el afán de mejorar su vida**, ya que estaremos explorando una fuente de objetivos a trabajar en consulta.

Fase de movilización: se reúne la energía necesaria para satisfacer la necesidad identificada. El bloqueo que puede surgir es la **introyección**, donde la persona internaliza expectativas, normas o valores externos que no son realmente suyos, lo que limita su capacidad de actuar en función de sus propias necesidades y deseos. Esto puede llevar a comportamientos que no son genuinos o que no satisfacen verdaderamente la necesidad personal.

Por ejemplo, un padre que, durante su juventud, experimentó inseguridad social y miedo al rechazo. Aunque no está completamente consciente de estas emociones no resueltas, las proyecta en su hijo con frases como "No hables con extraños, no puedes confiar en nadie", "Los demás niños solo te harán daño, mejor quédate en casa", "No confíes en tus amigos, te van a traicionar", frases que por supuesto, van a limitar la interacción social desde muy temprano.

Al internalizar estas frases, el niño introyecta pautas de comportamiento que realmente no son de él, sino de sus padres, que se replicaron a partir del discurso, es la razón por la que Murray Bowen llama *transmisión multigeneracional de trastornos emocionales* a este tipo de enseñanzas limitantes de la experiencia.

Para recuperarse de este bloqueo, el individuo tendrá que analizar las introyecciones desencadenadas a lo largo de nuestro crecimiento y que pueden desencadenar:

- Desconfianza y aislamiento
- Inseguridad social
- Autoimagen negativa
- Dependencia emociona

Sería un error contemplar como única fuente de las introyecciones los discursos de los padres, en realidad, a lo largo de nuestra vida vamos recibiendo discursos por distintos canales de información: conversaciones con amigos, opiniones de las transmisiones de radio, programas televisivos, textos académicos, obras literarias, videos de redes sociales, publicidad, podcast, etc., y todas ellas difunden ideas que necesitamos filtrar, ya que de no hacerlo estaremos recibiendo múltiples introyecciones y muchas de ellas, serán disfuncionales. Necesitamos desarrolla un filtro fuerte para decidir qué aceptamos y qué dejamos fuera de nuestra vida.

Fase de acción: Es el momento en que la persona pasa de la fase interna a la externa, comienza la búsqueda de los elementos que van a satisfaces su necesidad. El bloqueo en esta etapa es la **retroflexión**, donde en lugar de actuar hacia el exterior, la persona dirige su energía hacia adentro, lo que puede manifestarse en conductas autodestructivas o somatizaciones.

La retroflexión puede desencadenar múltiples conflictos durante el desarrollo de redes sociales de apoyo, tales como:

- Alto nivel de autoexigencia
- Dificultades en la solicitud de ayuda
- Discurso autoagresivo para agradar/exaltar al otro

Fase de pre contacto: a este punto, ya se ha identificado el objeto o la situación que puede satisfacer la necesidad. El bloqueo aquí es la **deflexión**, que ocurre cuando la persona desvía su energía hacia objetos o actividades sustitutas que no satisfacen realmente la necesidad. Esto se observa, por ejemplo, en el consumo de sustancias o comportamientos compulsivos como una forma de llenar vacíos emocionales.

Fase de contacto: es el momento en que se establece un contacto pleno con el objeto que satisface la necesidad. El bloqueo en esta fase es la **confluencia**, donde la persona pierde sus límites personales en el contacto, fusionándose de manera no saludable con el otro u el objeto, lo que puede llevar a una dependencia emocional o a una falta de identidad propia.

Por ejemplo, una persona que ha sido víctima de maltrato familiar puede desarrollar la confluencia como un mecanismo de supervivencia. En un entorno donde expresar diferencias puede haber sido peligroso o castigado, lo que se denominamos una familia indiferenciada, la persona aprende a "acomodarse" a los deseos y emociones de los demás para evitar conflictos o agresiones. Este patrón puede extenderse a otras relaciones en su vida, como las relaciones de amistad.

Supongamos que Virginia, quien fue víctima de maltrato familiar durante su infancia, tiene una amistad cercana con Georgia. En su relación, Virginia tiende a adoptar los gustos, opiniones y comportamientos de Georgia sin cuestionar si realmente resuenan con ella misma. Cuando están juntas, Virginia se adapta tanto a Georgia que evita expresar cualquier desacuerdo o preferencia propia, incluso en situaciones donde podría sentir que algo no está bien.

Por ejemplo, si Georgia sugiere salir a un lugar que Virginia no disfruta, Virginia podría decir "Sí, me parece bien" aunque en realidad no le agrade la idea. Esto ocurre porque, en su experiencia familiar, expresar sus propios deseos o preferencias podría haber resultado en críticas o maltrato. Así, en lugar de afirmar su propia identidad, Virginia prefiere evitar cualquier posible confrontación, mimetizándose con Georgia.

Dentro de esta dinámica social, podremos encontrar conflictos como:

- Pérdida de la identidad
- Dependencia emocional
- Resentimientos no expresados
- Relaciones superficiales, incluso con desconfianza
- Dificultad para entablar relación con otras personas

Fase de post contacto: después del contacto, la energía comienza a decaer, y la persona busca asimilar la experiencia, separándose de ella para retornar al estado de reposo. El bloqueo en esta fase es la **fijación**, donde la persona se queda atrapada en la experiencia, repitiéndola de manera compulsiva y no permitiendo que el ciclo se cierre adecuadamente. Esto puede manifestarse en trastornos como el obsesivo-compulsivo o en relaciones de pareja disfuncionales que se repiten sin resolución.

Para trabajar los bloqueos descritos, el enfoque gestáltico tiene múltiples estrategias, entre las que destacan:
- Aquellas que focalizan la atención en el aquí y el ahora
- Exploración de las sensaciones del cuerpo

- Desarrollo de la autoconciencia a través de la exploración interna
- Uso de role-playing y expresión corporal
- Visualizaciones e imaginaciones guiadas
- Teatralización de polaridades

Bloqueos de la experiencia gestalt

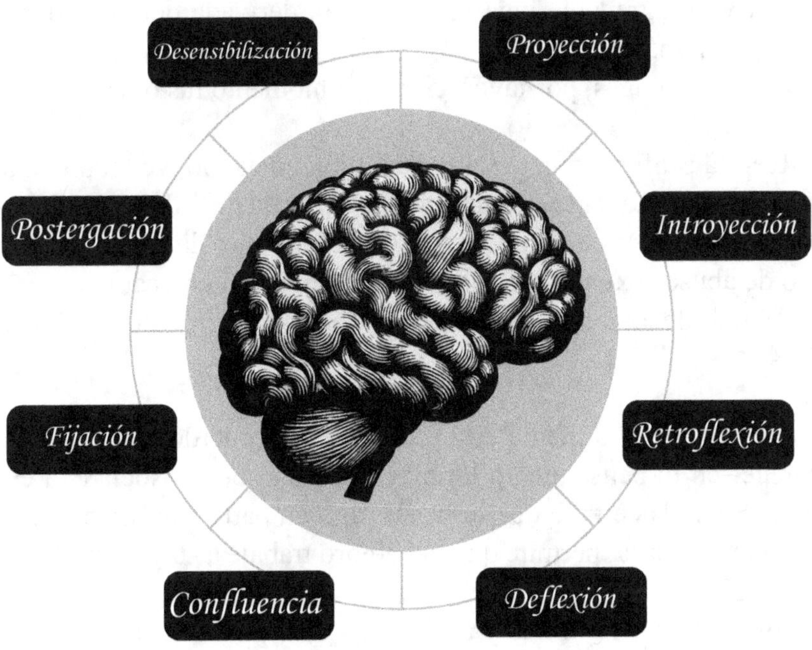

Fuente: Salama, H. (2006) TPG. *Manual del test de psicodiagnóstico Gestalt de Salama.*
Instituto Mexicano de Psicoterapia Gestalt

Técnica: problema plástico*
(Técnica de hipnosis gestáltica)

*Técnica aprendida en un seminario de hipnosis clínica con el Dr. Víctor Corres en la Ciudad de Oaxaca, México.

Objetivos:
I. Identificar el conflicto psíquico alojado desde hace tiempo atrás
II. Darle al consultante la sensación de control sobre su conflicto
III. Modificar la percepción interna del conflicto

Material: plastilina suave
Desarrollo:
"Me gustaría que en este momento pienses en un conflicto que traigas en tu mente desde hace algún tiempo, tal vez una emoción intensa y desagradable, una incomodidad derivada del desacuerdo con alguien más, etc.
Ya que lo tengas, por favor, cierra un momento tus ojos.

Respira profundamente y mientras voy contando, ve recordando el evento asociado a ese conflicto mental. Si es muy doloroso, basta con que comiences a sentir las emociones después de ese evento (en caso de abuso sexual no resulta ético ni funcional colocar al usuario en el lugar de los hechos durante el trance), 10… 9… 8… 7… 6… 5… 4… 3… 2… 1…

Ahora que en tu mente está presente ese recuerdo, comenzará a aparecer en tu pensamiento la imagen de un objeto asociado a ese recuerdo, no hace falta que tu hagas algo en particular, únicamente deja que aparezca, permite que tu cerebro trabaje a su voluntad. ¿Ya lo tienes? Bien.
Voy a contar hasta tres y abrirás tus ojos para que, con tu plastilina, formes la figura que está en tu mente en este momento. 1… 2… 3… (en un ambiente de silencio y serenidad damos espacio al consultante que trabaje con su plastilina)
Ahora que ya tienes tu figura creada, vamos a volver a entrar a tu mente, cierra tus ojos y concéntrate en ese objeto, obsérvalo detenidamente, mira su color, su forma, sus detalles, acércalo a tu rostro y percibe su aroma. Ahora tu mente comenzará a trabajar saludablemente sobre ese conflicto, desencadenando soluciones automáticas… para ello, me gustaría que, con el poder de tu cerebro, con

la intensidad de tu voluntad, transformes este objeto en algo más agradable para ti.

Cambia su forma, su color, su tamaño, su brillo, su peso, el aroma que expide, su temperatura, todo lo que puedas transformar de él. ¿Ya lo tienes? Bien. Ahora, contaré hasta tres y abrirás tus ojos para que transformes tu objeto de plastilina en el nuevo elemento que hay en tu mente.

(Damos espacio)

Has transformado que apareció en tu mente en un objeto que tú has creado, pero aún no es suficiente, por favor, vuelve a cerrar tus ojos y concéntrate en él. Obsérvalo y siéntelo con exactitud. Ahora, mientras voy contando, con el gran poder de tu cerebro volverás a transformarlo, pero ahora, será un objeto que represente tu exaltación, tu fortaleza, tu renovación y el gran imperio mental que tienes dentro de ti (decirlo con brío). 10... 9... 8... 7...6... 5... 4... 3... 2... 1...
Ya que tienes en tu mente este gran objeto, vas a abrir tus ojos y transformarás tu plastilina en él. 1...2... 3...

(Damos espacio)

Vuelve a cerrar tus ojos y ahora me gustaría que te concentres en este objeto, que representa el gran poder de tu mente, de tu vida... y dejes que te diga algo... deja que se comunique contigo y tal vez, te deje una tarea.
Ahora, voy a volver a contar y mientras lo hago, te vas a ir ubicando nuevamente aquí y ahora, 1... 2... 3... 4... 5... 6... 7... 8... 9... 10. A tu ritmo y a tu tiempo ubícate nuevamente aquí y ahora".
Una vez que se ha completado el trabajo en trance se podrá contar alguna historia relacionada al objetivo de la sesión, puede ser resiliencia, empatía, auto cariño, etc.

Nota: traten de no explicar nada al consultante, dejen que su propia mente trabaje e interprete las sugestiones utilizadas.

Conclusión

El presente capítulo se centró en el análisis y desarrollo de distintas estrategias psicoterapéuticas con la intención de nutrir la psicoterapia de crisis desde sus tres niveles de la escalada, pues al ser un modelo integrador, el terapeuta puede echar mano de las técnicas de su propia formación e incluso más, con la confianza de que ya posee una estructura para guiar su trabajo clínico y evitar que, entre tanta información, se pierda.

Espero el lector haya aprovechado lo expuesto y que este libro le haya inspirado para seguir profundizando en la psicoterapia y estar más preparado para la gran cantidad de manifestaciones que un trauma psíquico posee. es imposible abarcar todo lo que hay ahora en los modelos de intervención, pero ya habrá espacio para analizar otras propuestas y crear nuevas metodologías.

Aplicación en el espectro suicida

Definición de suicidio

El suicidio es el acto mediante el cual una persona pone fin a su vida de forma intencional (O'Connor & Nock, 2014), a su alrededor existen otros conceptos que permiten entender la etapa en la que el individuo se encuentra dentro de un espectro de conductas encaminadas a tal fin. Así tenemos dos fases, una interna y otra externa, en la primera tenemos el pensamiento suicida que se divide en ideación y plan, mientras que en la fase externa se encuentra la comunicación, el intento y el suicidio consumado.

Fase interna	Fase externa

Ideación suicida | Plan suicida | Comunicación suicida | Intento | Consumación

En diversas ocasiones, los consultantes pasan por estas etapas de forma cíclica, hasta que la causalidad permite que se consuma. A pesar de esto, al ser un tema tabú, la comunicación y los intentos no son atendidos oportunamente, se dejan pasar y se evita hablar de eso hasta que es demasiado tarde. En torno a la ideación, habrá que decir que la mejor estrategia de intervención es la prevención, no solo desde las políticas públicas en materia de salud mental, sino a partir del refuerzo en psicoeducación que en casa se desarrolle.

La Teoría General de los Sistemas nos ha expuesto a lo largo de décadas que la conducta de suicidio es parte de una danza familiar en donde este comportamiento cobra relevancia para la supervivencia del sistema. El suicidio es un síntoma y como tal tiene razón de ser en una interacción continua de retroalimentaciones negativas; la comunicación enfermiza, la no diferenciación, los roles problemáticos y el hermetismo del sistema son parte de toda esta secuencia disfuncional.

Etapas del suicidio

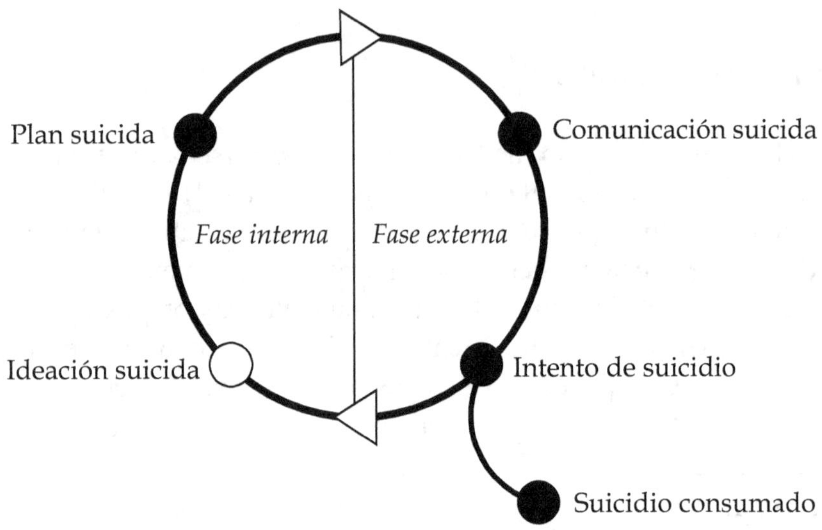

En la intervención en el suicidio, la estrategia más adecuada es el ataque directo, más que focalizarnos sobre los aspectos que la desencadenan (incluso psicopatológicos), esto podrá ser en etapas subsecuentes, pero de inicio, es importante sacar al consultante del riesgo y establecer una estrategia de cuidado, dándole gran atención a la comunicación suicida.

Lo anterior involucra que, si la familia llega con un problema de consumo de sustancias o de bajo rendimiento escolar, se tendrá que pausar ese objetivo cuando exista alguna de las manifestaciones del espectro suicida, a fin de salvaguardar la vida del consultante, el trabajo tiene múltiples niveles que van de lo superficial hasta lo profundo.

- Desarrollar una estrategia de emergencia: formar a la familia en primeros auxilios psicológicos y psicoeducación.

- Potencializar las redes sociales de apoyo.

o Nivel 1. Casual: por ejemplo, vecinos y docentes estratégicos.

o Nivel 2. Informativa e instrumental: compañeros de clase y vecinos que estén cerca del área de acción del consultante

o Nivel 3. Validadora, íntima y/o espiritual: amigos íntimos y familiares de gran confianza.

Involucra también, que el propio terapeuta esté pendiente y listo para intervenir en crisis en situaciones de emergencia, si el terapeuta está indispuesto, referir o bien, complementar con un interventor de crisis.

- Psicoterapia de crisis:

o Evaluación: CASIC, de comorbilidad, estrategias de afrontamiento, antecedentes de Eventos Adversos, duelos, sintomatología de crisis, etc.

o Nivel personal I. Conductual: Análisis Funcional de la Conducta y control de pensamientos disfuncionales.

o Nivel personal: aumento de estrategias de afrontamiento, autoestima, resiliencia, y cualquier otro evento de crisis que afecte sus círculos de vida del consultante.

o Nivel familiar: desarrollar nuevas pautas de retroalimentación familiar. Mejorar pautas comunicacionales.

o Nivel comunitario: complementar la intervención con profesionales como terapeutas ocupacionales, médicos en casos de consumo de sustancias, orientadores vocacionales, tanatólogos, etc.

o Valoración final de resultados: utilizar escalas de medición de los elementos afectados en el individuo, los cuales fueron identificados en la fase de evaluación.

El suicidio es uno de los principales problemas de salud pública en el mundo, en muchos países es la primera causa de muerte no natural, principalmente en adolescentes, en ellos, los factores más comunes que propician el suicidio son:

1.   Los cambios propios de la adolescencia

2. Depresión y desesperanza
3. Personalidad violenta, impulsiva e inestable
4. Disfunción familiar
5. Habilidades de comunicación deficientes
6. Bajo rendimiento escolar
7. Consumo de alcohol y drogas
8. Antecedentes familiares de suicidio
9. Conductas antisociales e histriónicas

En los adultos, la soledad es un factor que estimula los pensamientos suicidas, así como la rigidez mental, es decir, la incapacidad de entender los distintos matices de la vida. Albert Ellis trabajo esto desde la concepción de ideas irracionales tales como generalización, el pensamiento polar o la eliminación.

Los adultos mayores también son un grupo de riesgo debido a las perdidas (físicas e interaccionales) acumuladas que se van presentando en esta etapa, el retiro de la vida laboral hace que muchos pierdan su rumbo y su sendero, así como los malos hábitos de consumo de alcohol o drogas.

La intervención comienza con la prevención

De acuerdo al análisis de causas previo, se pueden establecer acciones que reducen la posibilidad de que nuestro familiar realice un acto suicida, entre los adolescentes las estrategias pueden variar, desde limitar el acceso a armas de fuego ya que "como la ideación suicida puede aumentar y disminuir según las circunstancias, disponibilidad y accesibilidad del método suicida, éste puede ser elegido según su disponibilidad" (Wainrib & Bloch, 2000, p. 127), establecer atención psicológica ante los consumos de alcohol y drogas, por mínimo que sea el consumo, así como desarrollar estrategias de afrontamiento a los estresores propios de la adolescencia.

Los signos de alarma de la ideación suicida son la manifestación de estos pensamientos en trabajos de la escuela, expresiones artísticas, preguntas fuera de contexto en torno al suicidio, las personas también comienzan a regalar los objetos que aprecian, así como los cambios de humor. En este sentido muchas personas han expresado que sus familiares cambiaron de un tono apático a uno muy alegre, como si todos los problemas fueran a desaparecer pronto. Esto es un riesgo si no se analiza en su real medida, ya que se puede llegar a pensar que la persona ha mejorado y por lo tanto es común restarle la adecuada atención.

Mecanismos de evaluación

En México, una de las pruebas más utilizadas es el Inventario de Riesgo Suicida para Adolescentes de la Asociación Mexicana de Suicidología, la cual ha sido confirmada en su validez en otras poblaciones como la uruguaya (Machado et al., 2021) y la colombiana (Alarcón-Vásquez et al., 2018).

De igual forma, está disponible la Escala Paykel de Suicidio que consta de 5 preguntas de evaluación sencillas para el usuario con posibilidad de respuesta si/no:

1. ¿Has sentido que la vida no merece la pena?
2. ¿Has deseado estar muerto? Por ejemplo, ir a dormir y desear no levantarte.
3. ¿Has pensado en quitarte la vida, aunque realmente no lo fueras a hacer?
4. ¿Has llegado al punto en el que consideras realmente quitarte la vida o hiciste planes sobre cómo lo harías?
5. ¿Alguna vez has intentado quitarte la vida?

Al respecto de la Escala, Fonseca-Pedrero y Pérez de Albéniz (2020) mencionan que:

"La Escala Paykel parece ser un instrumento de medida breve, sencillo, útil y con adecuadas propiedades psicométricas para la valoración y/o el cribado de la conducta suicida en población adolescente. Su reducido número de ítems hace que sea una escala interesante para utilizar como screening en la población general o en circunstancias donde escasean los recursos temporales y/o materiales (p. ej., ámbito aplicado). La Escala Paykel se puede utilizar en combinación con otros instrumentos de medida, aspecto que permite recoger información de la conducta suicida, aunque este no sea el objetivo nuclear de la evaluación. Esta herramienta también puede ser empleada en la exploración psicopatológica general. No se debe perder de vista que los ítems de los test que miden conducta suicida suelen estar asociados a estigma y pueden generar cierto malestar en los jóvenes. Por esta razón, la brevedad y el contenido de los ítems hace también que la Escala Paykel sea un instrumento interesante. Esta herramienta asimismo se puede utilizar en contextos educativos, socio-sanitarios y/o sociales. Básicamente, trata de recoger información fiable y válida de las diferentes manifestaciones de la conducta suicida de cara a la toma de decisiones, tales como diseñar intervenciones psicológicas y/o educativas o detectar el riesgo suicida con la finalidad de realizar una evaluación psicológica más exhaustiva" (p. 113).

Otra herramienta de valoración es la Escala de Ideación Suicida de Beck, la cual, como plantea González Macip Et al. (2000) respecto a la herramienta en torno a la ideación, "es importante considerarla para detectarlo oportunamente y establecer la manera de evitarlo con un tratamiento adecuado" (p. 27).

Por último, además de las herramientas, en el caso de que no se tuvieran a la mano, las preguntas obligatorias deben estar encaminadas a evaluar el riesgo de pasar de una ideación a un intento, lo cual determinará el grado de urgencia y profundidad de las estrategias. El primer punto, según la Asesoría de Convivencia del Departamento de Educación del Gobierno de Navarra es evaluar el grado de desesperanza:

- ¿Te sientes infeliz o desgraciado/a?
- ¿Has perdido toda esperanza?
- ¿Crees que las cosas no van a cambiar?
- ¿Te sientes incapaz de afrontar cada día?
- ¿Sientes la vida como una carga pesada?

- ¿Sientes que merece la pena vivir?

- ¿Sientes deseos de cometer un suicidio?

Posteriormente, realizar una valoración específica:

1. ¿Has deseado estar muerto/a o dormirte y no volver a despertar?

2. ¿Has pensado realmente en quitarte la vida?

3. ¿Has estado pensando en cómo podrías hacerlo?

4. ¿Has tenido estos pensamientos, pero, además de pensarlo creías que ibas a hacerlo?

5. ¿Tienes alguna idea de cómo lo harías? ¿Has empezado a preparar algún detalle sobre la forma de hacerlo?

6. ¿Vas a llevar a cabo este plan? ¿Cuándo?

Si las respuestas son afirmativas, en cada una habremos de solicitar una descripción más detallada. Cabe recalcar que al abordar un tema tan delicado y personal, es crucial hacerlo con claridad y respeto. Es importante transmitir al otro que nuestra intención es ayudarle, incluso si no sabemos exactamente qué decir; lo que realmente necesita es nuestra presencia y una escucha incondicional. Es fundamental evitar comentarios reprobatorios y moralizantes, así como tratar de aleccionar o convencerle de que su conducta es una equivocación. También es recomendable evitar frases como "Yo sé cómo te sientes", ya que pueden resultar inapropiadas.

Durante la conversación, es esencial mostrar calma y seguridad, permitiendo que la persona hable a su propio ritmo. Es necesario profundizar en todos los aspectos que ayuden a valorar el riesgo suicida de manera abierta, pero evitando preguntas innecesarias y morbosas. Además, debemos cuidar la confidencialidad y no generar situaciones de alarma exagerada, ya que esto podría ser contraproducente.

En todo momento, debemos evitar el sarcasmo y la ironía, y prestar atención no solo a lo que la persona dice, sino también a su expresión, gestos, tono de voz y posibles incongruencias entre lo verbalizado y su expresión corporal. Las preguntas deben formularse de forma oral y solo una vez que se haya establecido una conexión empática y la persona se sienta comprendida. Es importante que el alumno o alumna se sienta cómodo expresando sus sentimientos, especialmente cuando están en el proceso de compartir emociones de soledad o impotencia (Asesoría de Convivencia del Departamento de Educación).

Según la Guía de Prevención del Suicidio (Gobierno de México) los factores de riesgo y los factores de protección pueden aparecer en tres esferas: personal, relacional y comunitario.

Factores involucrados en la conducta suicida		
Categoría	Factores de riesgo	Factores de protección
Personal	- Historia de trastornos mentales (depresión, ansiedad) - Consumo de sustancias (alcohol, drogas) - Historia de intentos previos de suicidio - Desesperanza o desesperación - Impulsividad o agresividad - Dolor crónico o enfermedades graves.	- Habilidades para resolver problemas - Autoestima regulada y autoeficacia - Buen estado de salud mental - Sentido de propósito o metas claras - Capacidad de manejo del estrés.
Relaciones sociales	- Aislamiento social - Conflictos familiares graves - Pérdida reciente de un ser querido - Violencia doméstica o abuso sexual - Relaciones interpersonales inestables	- Redes de apoyo social sólidas (familiares, amigos) - Relaciones familiares estables - Comunicación abierta con seres queridos - Participación en actividades grupales o comunitarias - Acceso a apoyo emocional
Comunitario	- Acceso fácil a medios letales (armas, sustancias) - Falta de recursos de salud mental - Estigma social hacia los trastornos mentales - Desempleo o pobreza - Experiencias de discriminación o marginalización	- Acceso a servicios de salud mental y apoyo - Programas de prevención del suicidio en la comunidad - Integración en la comunidad (escuela, trabajo) - Campañas de sensibilización y reducción del estigma - Políticas de control de armas y sustancias

Tanto la evaluación como los procesos de intervención tendrían que estar encaminados a las tres áreas para asegurar el control de la ideación y asegurar la vida del consultante.

"Las creencias y actitudes culturales negativas hacia las personas que mueren por suicidio no solo afectan al entorno familiar y social del difunto, sino también en el avance de la prevención del suicidio en una sociedad, dado que es un obstáculo para la búsqueda de ayuda profesional, resta valor al suicidio como problema relevante de la salud pública y perjudica el bienestar psicológico y físico de las personas estigmatizadas... En ese sentido, los profesionales de la salud, las ciencias sociales y la sociedad en general desempeñan un rol importante en la prevención del suicidio. Las muertes por suicidio son prevenibles y una mejor comprensión del estigma en un país..." (Baños-Chaparro et al., 2024, p. 11).

Revisemos ahora una estrategia psicoterapéutica adicional para el caso del espectro suicida.

Terapia de Aceptación y Compromiso (ACT)

Es una terapia de tercera generación desarrollada por Steven C. Hayes basada en la Teoría del Marco Relacional. "Desde la ACT no se busca desafiar los pensamientos desagradables y la angustia vinculada a los mismos, sino que se consideran parte de la experiencia humana" (Ortas Barajas & Manchón López, 2024). La siguiente tabla describe el modelo de **inflexibilidad psicológica** y sus seis procesos que producen los pensamientos desagradables:

Procesos del modelo de inflexibilidad psicológica (Hayes et al, 2014 citado por Ortas Barajas & Manchón López, 2024)	
Proceso	**Descripción**
Evitación experiencial	Intentar eliminar o no estar en contacto con experiencias, pensamientos y emociones desagradables.
Fusión cognitiva	Enredarse en eventos privados desagradables, considerando real el contenido literal de pensamientos y emociones.
Atención inflexible	Enfocarse a nivel atencional en eventos privados y ambientales del pasado o posibles del futuro, ignorando la situación actual.
Yo-conceptual	Identificarse con eventos privados relacionados con el concepto que se tiene de uno mismo.
Alteración de valores	Ignorar las prioridades y metas más profundas, actuando conforme a la evitación experiencial.
Inacción	Permanecer actuando conforme a la evitación experiencial y fusión cognitiva, perdiendo el contacto con los valores.

Así, la Terapia de Aceptación y Compromiso trabaja la inflexibilidad a partir de otros seis procesos englobados en su flexibilidad psicológica, la cual es definida como "capacidad de actuar de acuerdo a valores en presencia de pensamientos, emociones y sensaciones corporales no deseadas" (Ortas Barajas & Manchón López, 2024, p. 190).

Procesos del modelo de flexibilidad psicológica (Hayes et al, 2014 citado por Ortas Barajas & Manchón López, 2024)	
Proceso	**Descripción**
Aceptación	Vivencia consciente, sin tratar de hacer modificaciones, de las diferentes experiencias o eventos privados que se producen.
Defusión cognitiva	Reducción de la credibilidad otorgada a eventos privados, practicando el desapego hacia el contenido de estos.
Atención al momento presente	Enfocarse a nivel atencional en eventos internos y ambientales del presente, observándolos sin prejuicios a medida que ocurren.
Yo como contexto	Mantener una perspectiva amplia ante eventos privados, considerándose a uno mismo como el contexto de estos.
Contacto con valores	Atender las prioridades y metas internas de uno mismo, estableciendo direcciones de vida acordes a las mismas.
Compromiso con la acción	Actuar conforme a los valores establecidos para lograr metas y objetivos concretos.

En el caso de la evitación experiencial en la conducta suicida, las personas que experimentan estos pensamientos, a menudo enfrentan emociones intensamente dolorosas, como desesperanza, soledad, culpa o vergüenza. Estas emociones pueden estar acompañadas por pensamientos recurrentes de autocrítica o desesperanza, y sensaciones físicas de malestar.

Para evitar el dolor asociado con estas experiencias internas, la persona puede recurrir a diversas estrategias de evitación como la supresión de pensamientos, distracciones constantes, abuso de sustancias, autolesiones y por supuesto, las manifestaciones del espectro suicida con el objetivo de reducir o eliminar el malestar emocional inmediato.

La evitación continua puede llevar al aislamiento social y emocional, ya que la persona se retira de situaciones que podrían potencialmente desencadenar su malestar. Este aislamiento puede incrementar la desesperanza, que ya hemos revisado en el capítulo relacionado al trauma, el cual es uno de los principales factores de riesgo para el suicidio.

La intervención desde los procesos de flexibilidad psicológica sería:

> - **Aceptación:** ayudar al consultante a aceptar sus pensamientos y sus sentimientos, por más dolorosos que sean, entenderlos como parte de él.
> - **Defusión cognitiva:** enseñarle al consultante a controlar sus pensamientos para que, cuando le resulten desagradables observarlos desde afuera, algo muy similar al trabajo con fobias desde la programación neurolingüística.
> - **Atención al momento presente:** ubicar al consultante en su aquí y ahora, para reducir la tendencia a otorgarle un factor negativo a su futuro y observarlos con una mirada objetiva, lo cual ayudaría a darle una sensación de control sobre las consecuencias de sus actos y sus emociones.
> - **Contacto con valores:** recordarle quien es, muchos consultantes lo olvidan por todos los ciclos de conflicto que tienen presente, ayudará establecer objetivos de vida y redireccionar sus conductas hacia un fin en particular.
> - **Compromiso con la acción:** Guiar a la persona para que tome acciones que estén alineadas con sus valores, incluso cuando esas acciones son difíciles o incómodas.

El estudio realizado por Ortas Barajas & Manchón López (2024) encontró que distintos estudios obtuvieron resultados favorables de la aplicación de la Terapia de Aceptación y Compromiso, lo que la hace una buena aliada en el desarrollo de estrategias de intervención del espectro suicida.

Referencias bibliográficas

Aguilar Durán, L. A. (2023) Perfeccionismo y afrontamiento del estrés en adultos venezolanos. *Revista Persona N° 26 (2)*. Pp. 47-73. DOI: https://doi.org/10.26439/persona2023.n26(2).6517

Amarís Macías, M. & otros (2013) Estrategias de afrontamiento individual y familiar frente a situaciones de estrés psicológico, *Psicología desde el Caribe, vol. 30, no. 1*, pp. 123-145.

Amodeo Escribano, S. (2011) Psicoterapia del Trastorno de Estrés Postraumático. A propósito de un caso. *Clínica Contemporánea, vol. 2, n° 3*, pp. 285-292.

Aristizábal, E. et al (2012) Síntomas y traumatismo psíquico en víctimas y victimarios del conflicto armado en el Caribe colombiano. *Psicología desde el Caribe, vol. 29, n°1*. Pp. 123-152.

Bendall, S., Jackson, H. J., Hulbert, C. A. y McGorry, P. D. (2008). Childhood trauma and psychotic disorders: a systematic, critical review of the evidence. *Schizophrenia Bulletin, 34(3)*, pp. 568-579. doi: http://dx.doi.org/10.1093/schbul/sbm121

Bordignon, N. A. (2005) El desarrollo psicosocial de Eric Erikson. El diagrama epigenético del adulto. *Revista Lasallista de Investigación, Vol. 2, No. 2*. Pp. 50-63.

Bucay, J. (2015) *El elefante encadenado, ilustraciones de Gusti*. Editorial Océano Travesía.

Calle González, G. & Lemos, M. (2017) Modelo doble ABCX: dos familias de hijos con trastorno del espectro autista. *Revista Katharsis, Núm. 25*. Pp. 22-36.

Cámara de Diputados del Heroico Congreso de la Unión (1917) *Constitución Política de los Estados Unidos Mexicanos, Última Reforma DOF 22-03-2024*. Diario Oficial de la Federación.

Cámara de Diputados del Heroico Congreso de la Unión (2014) *Ley General de los Derechos de Niñas, Niños y Adolescentes, Última Reforma DOF 27-05-2024*. Diario Oficial de la Federación.

Carter Sobell, L. & Sobell, M.B. (2011) *Terapia de grupo para los trastornos por consumo de sustancias. Un enfoque cognitivo-conductual*. Editorial Pirámide.

Castro-Fernández, M.P., Perona-Garcelán, S., Senín-Calderón, C. y Rodríguez-Testal, J.F. (2015) Relación entre trauma, disociación y síntomas psicóticos positivos. *Acción Psicológica, 12 (2)*, pp. 95-108. DOI: http://dx.doi.org/10.5944/ap.12.2.15824.

Cole, T.J. (2012) The development of growth references and growth charts. *Annals of Human Biology, Vol. 39(5)*, pp. 382-394 DOI: https://doi.org/10.3109/03014460.2012.694475

Fernández Márquez, L. M. (2010) *Modelo de intervención en crisis: resiliencia personal.* Grupo Luria.

Fondo de las Naciones Unidas para la Infancia (2006) *Convención sobre los Derechos del Niño.* UNICEF COMITÉ ESPAÑOL.

Fonseca-Pedrero, E. & Pérez de Albéniz, A. (2020) Evaluación de la conducta suicida en adolescentes: a propósito de la Escala Paykel de Suicidio. *Papeles del psicólogo/Psychologist Papers, vol. 41(2),* pp. 106-115. DOI: https://doi.org/10.23923/pap.psicol2020.2928

González de Rivera y Revuelta, J. L. (2001) Psicoterapia de la crisis. *Revista de la Asociación Española de Neuropsiquiatría, Vol. 21, No. 79,* pp. 1297-1315.

Goikoetxea Zabaleta, I. & Mateos Cachorro, A. (2011) Crecimiento y desarrollo: una perspectiva evolutiva. *MUNIBE (Antropología-Arkeología) Núm 62,* pp. 5-30.

González Macip, S. Et al (2000) Características psicométricas de la Escala de Ideación Suicida de Beck (IBS) en estudiantes universitarios de la Ciudad de México. *Salud Mental, vol. 23, núm. 2,* pp. 21-30.

Gutiérrez de Piñeres Botero, C.; Coronel, E.; Andrés Pérez, C. (2009) Revisión teórica del concepto de victimización secundaria. *LIBERABIT. Revista Peruana de Psicología, vol. 15.* Pp. 49-58.

Hoffman, L. (2021) *Fundamentos de la Terapia Familiar.* Editorial Fondo de Cultura Económica.

Jara, C. (2021) Redes sociales de apoyo social y salud mental. Cuadernos *Médico Sociales, Vol. 61 Núm. 1.* Pp. 49-53.

Lafitte Cabrera, H, Et al. (2024) Nuevas adaptaciones para la aplicación del mindfulness a la psicosis. *Papeles del psicólogo/ Psychologist Papers 45(1),* pp. 19-25.

Lage de la Rosa, M. & Suárez, L. (2021) El teatro inclusivo como recurso en Arteterapia para la recuperación en el trauma: taller Afrontando Miedos. Arteterapia. *Papeles de arteterapia y educación para inclusión social, vol. 16.* Pp. 159-170. En : https://dx.doi.org/10.5209/arte.74394

Leonti, R.M.; Muntele-Hendreş, D. & Turliuc, M. N. (2024) The effects of the COVID-19 pandemic on perceived stress among Romanian young adults: negative affect and avoidant coping as mediators. *Anales de psicología/annals of psychology, vol. 40, No. 1.* Pp. 20-30.

Machado, A. I., Bobbio, A., Arbach, K., Parra, A., Riestra, C., & Hernández-Cervantes, Q. (2021). Evidencia de estructura y consistencia interna del Inventario de Riesgo Suicida en Adolescentes (IRISA) uruguayos. *Ciencias Psicológicas, 15(1), e-2214.* https://doi.org/10.22235/cp.v15i1.2214

Martínez-Martín, N. (2014) Trastornos depresivos en niños y adolescentes. *Anales de Pediatría Continuada, vol. 12, Núm. 6,* pp. 275-365. DOI: 10.1016/S1696-2818(14)70207-0

Marugán Kraus, J. (2016) Las cinco fases de la intervención psicoterapéutica frente al trauma. *Arteterapia. Papales de Arteterapia y educación para la inclusión social, vol. 11.* Pp. 343-353, en: http://dx.doi.org/10.5209/ARTE.54137

Maier, H. (1984) *Tres teorías sobre el desarrollo del niño: Erikson, Piaget y Sears.* Amorrortu editores.

McCubbin, H.I., Thompson, A.I. y McCubbin, M.A. (1996). *Family assessment: Rsiliency, coping and adaptation. Inventories for research and practice.* Madison: University of Wisconsin.

Oficina de la Defensoría de los Derechos de la Infancia (2005) *El niño víctima del delito. Fundamentos y orientaciones para una reforma procesal penal.* Secretaría de Seguridad Pública.

Ortas- Barajas, F. & Manchón, J. (2024) Terapia de Aceptación y Compromiso en conducta suicida: una revisión sistemática. *Anales de Psicología/Annals of Psychology, vol. 40, n° 2*, pp. 189-198. DOI: https://doi.org/10.6018/analesps.559361

Palpatzis, E. et al (2024) Lifetime Stressful Events Associated with Alzheimer's pathologies, neuroinflammation and brain structure in a risk enriched cohort. *Annals of Neurology, Volume 00 No. 0*, pp. 1-11.

Patiño Ospina, S. C.; Forero Machado, S. A.; Alba Sanabria, B. H.; Carrero Montealegre, C. P. (2021). Explorando el potencial terapéutico del género documental: una construcción participativa de una metodología que contribuya a la recuperación psicosocial de víctimas del conflicto armado, *Arteterapia. Papeles de arteterapia y educación para inclusión social, vol. 15*, 55-65. En: https://dx.doi.org/10.5209/arte.72609

Pujadas Sánchez, M.D. & Pérez-Pareja, J. (2013) Tratamiento de un caso   por estrés postraumático. *Revista de Casos Clínicos en Salud Mental*, pp. 37-58.

Read, J., Agar, K., Argyle, N. y Aderhold, V. (2003). Sexual and physical abuse during childhood and adulthoods as predictors of hallucinations, delusions and thought disorder. Psychology and Psychotherapy: *Theory, Research and Practice, 76*, 1-22.

Salama, H. (2006). *TPG. Manual del test de Psicodiagnóstico Gestalt de Salama.* México: Instituto Mexicano de Psicoterapia Gestalt.

Sánchez Mascaraque, P. & Cohen D. S. (2020) Ansiedad y depresión en niños y adolescentes. Adolescere. *Revista de Formación Continuada de la Sociedad Española de Medicina de la Adolescencia, Vol. VIII*, pp. 16-28.

Satir, V. (2002) *Nuevas relaciones en el núcleo familiar.* Editorial PAX México.

Satir, V. (2002) *En contacto íntimo. Cómo relacionarse con uno mismo y con los demás.* Editorial PAX México

Slaikeu, K. A. (2000) *Intervención en crisis. Manual para práctica e investigación.* Editorial Manual Moderno.

Stange Espíndola, I del R. & Lecona Pintado, O. (2014) Conceptos básicos de psicoterapia gestalt. *Revista Eureka: Asunción (Paraguay) 11(1)*, pp. 106-117

Tang, Y., & Posner, M. (2013). Special issue on mindfulness neuroscience. *Social Cognitive and Affective Neuroscience, 8(1)*, 1-3. https://doi.org/10.1093/scan/nss104

Urrea Cuéllar, A.M. (2020) *Módulo didáctico. Análisis funcional de la conducta.* Fondo Editorial Institución Universitaria de Envigado.

Varese, F, Barkus, E. y Bentall R. P. (2012). Dissociation mediates the relationship between childhood trauma and hallucination proneness. *Psychological Medicine, 42(5)*, 1025-1036. doi: http://dx.doi.org/10.1017/S0033291711001826

Waikamp, V & Barcellos Serralta, F. (2018) Repercussions of trauma in childhood in psychopathology of adult life. *Ciencias Psicológicas, vol. 12 (1)*. Pp. 137 – 144. DOI: https://doi.org/10.22235/cp.v12i1.1603.

Wainrib, B. R. & Bloch E. L. (2000) *Intervención en crisis y respuesta al trauma. Teoría y práctica.* Editorial Desclée de Brouwer.